埼玉　奇才列伝

―自分流の生き方に徹し　輝いた一〇人―

佐々木　明

さきたま出版会

はじめに

世の中は、さまざまな人間で成り立っています。そんな中で、「自分流」を貫いて個性を発揮し、一生の仕事として独自の活躍をした人たちを無視できません。好きな道にのめり込み、社会に貢献した生き方には学ぶべき点が多いのです。

「彩の国」の愛称をもつ埼玉県は人材も多彩です。本書に登場する人たちは、筆者がかつて朝日新聞浦和支局に三年余り勤務したときに取材でお会いしました。埼玉県に根ざし、昭和、平成にわたって活躍し、故人となった一〇人の奇才を厳選しました。発明、俳句、書、童話、釣り、冒険、翻訳、民話、登山、教育の分野を通じ、先人たちの生い立ちから亡くなるまでを再取材し、人物伝にしたものです。

登場人物の大部分は本籍こそ違いますが、埼玉を終《つい》の棲家《すみか》とし、晩年も輝き続け、尊敬され、惜しまれて亡くなっていることです。このような生き方を、一人でも多くの方々に本書を通じて知っていただくことを願ってやみません。なお、本文中の敬称は略させていただきました。使用した写真の大部分は、ご遺族や友人から提供を受けました。この場を借りしてお礼申し上げます。

もくじ◎埼玉　奇才列伝　―自分流の生き方に徹し　輝いた一〇人―

小鹿野のエジソン

1 赤岩 松寿（発明家）

赤岩松寿（あかいわ　まつじゅ）

一九一四年（大正三）三月二六日～一九九四年（平成六）九月二一日。享年八〇歳。

秩父郡小鹿野町出身。埼玉師範を卒業後、青年学校で教える。陸軍兵として中国東北部に派遣され、シベリアに抑留。復員後郷里に戻り、ピストル型のコマ回し機や木製のベルト、ミノムシの皮をつなげた財布やバッグを考案。地元の薬草を使って独自に水虫薬を開発、札所の改修資金を得るために貢献した。

旧家に生まれ、神童として育つ

埼玉の奥座敷、奥秩父の小鹿野町は花と歌舞伎と名水の町。自然と文化が織りなす四季は魅力に富んでおり、観光客の人気が高い。赤岩は秩父市寄りの下小鹿野で生まれた。

赤岩家の先祖は、富豪だった杉崎家とつながる地元の旧家。杉崎家は和紙の原料である楮《こうぞ》の栽培を手広く行い、江戸時代には高利貸として藩の幹部や武士にも金を貸していたという。広い屋敷の二階で自転車の練習ができた、などの昔話を祖父から聞いて育った。

その大規模な農家で、男ばかり三人兄弟の長男として何不自由なく少年期を送る。小さな時から手先が器用だった。工作道具を用意し、集めた材料で独創的な玩具などを次々と作って仲間たちばかりか、大人も驚かしていた。

記憶力にも優れ、学業成績は抜群で、地域一帯では早くから神童と呼ばれていた。背は高くやせており、口数は少なく、グループで動くより黙々と一つのことに打ち込む学者タイプだった。

埼玉師範を卒業後、教師になる

やがて高等小学校を出ると、秩父農林に進学、家族や地元町民の期待を背に埼玉師範（現・埼玉大学）へ入学した。昭和の初期のこと、「埼玉の東大」といわれた埼玉師範へ入ったのは赤岩が町で最初といわれている。県北部の小鹿野町から県庁所在地の浦和に出るのは徒歩と汽車を乗り継ぎ、半日かかるほど遠かったのである。

親元を離れ、学校近くの下宿に住むと、各地から集まった俊英たちに交じって勉学に励む。「井の中の蛙《かわず》大海を知らず」の諺通り、見るもの聞くことのすべてが新鮮な都会は驚きの毎日だった。時には、東京に出て映画館や美術館めぐりもした。

埼玉師範を優秀な成績で卒業すると、友人たちのなかには県庁に職を得た者もいたが、赤岩は中学教諭、高校教諭、農場実習指導教諭の免許を次々に取得する。そして、騒がしい都会を好まず、郷里に戻ったのである。

それからは水を得た魚のように動きだす。もともと趣味でバイオリンを弾いていたが、ピアノの調律、さらには猟銃の免許も取得した。さまざまな希望を胸に青年学校の教諭の職を得る。若者たちに学問や農業を指導したのもつかの間、太平洋戦争が始まる。

陸軍兵として中国、シベリア抑留へ

陸軍兵として召集され、満州（中国東北部）の戦地に送られた。戦争が赤岩の描いた夢を打ち壊した。戦後、ソ連軍の捕虜としてシベリアに抑留された。とりわけ飢餓と寒さと重労働は細身の体にこたえた。生きて帰ることだけを考え、辛い重労働の毎日を必死に乗り越えた。実家の両親や兄弟も無事を祈っていた。赤岩にとって想定外の試練であった。戦地や捕虜収容所では、生きることに精一杯で、趣味の工作など何もできなかった。

抑留者の本土引き揚げが四七年から本格化する。無事に郷里に戻ったのは二五歳を過ぎていた。

結婚し、自宅に工房を作り起業

郷里に戻った赤岩は、戦争で人生が狂わされたことを強く恨み、しばらくの間、何も手につかなかった。精神的に動揺しながらも、自分の発想を物に作り替えることだけは材料を使って実行した。アイデアがひらめくと大学ノートに書き溜めていく。好奇心も強かった。町内の山間部で天然ガスが噴き出す現場を見つけると、学者を呼んで企業化につなげないか考えた。ガスの噴出量が少ないため無理だと知ると、地元にある荒川の支流、赤平川が冬期間に凍結するのを見て一部の区間を利用して、少ない予算で「天然スケートリンク」にした。誰も思いつかない発想で、冬場の遊びがない子供たちのためにスケート靴まで用意し、低料金で開放し、喜ばれた。

音楽好きの縁から熊谷市内の女性と恋愛のすえ結婚する。自宅の敷地内の一角に創作工房を設置した。モノづくりに必要な機材を備えると、一人で工房に終日こもり、ノートに記されたアイデアを製品にしていく。三〇歳になっていた。

小鹿野のエジソンと呼ばれ、テレビ出演

地元産の豊富な木材を使って首都圏向けに商品化されたのは「ピストル型コマ回し機」だった。その後、表面に艶があり美しい色の小さな木片をつなぎ貼り合わせた「木製のベルト」や「ミノムシの皮をつなぎ合わせたハンドバックと財布」は、東京の骨董業者も小さなミノムシの皮を貼り合わせる細かい手仕事を高く評価した。ミノムシの皮製品は世界でも珍しいことに加え、赤岩一人の製作だっただけに時間がかかり注文に生産が追い付かなかった。ミノムシの蓑は、蛾《ガ》の幼虫が樹木の小枝や葉を口から吐く糸で綴り合わせた袋状の巣。ミノムシはその中で過ごす。全長は、三、四センチしかないので探しにくく、材料集めにも苦労した。蓑にあたる皮は丈夫で水にも強いが、薄い皮を針と糸で縫い合わせ、皮の財布などに接着剤で張り合わせた。手先の器用さが、最優先された。製品を見た人のなかには「神技だ」と言う人もいた。それほどまで、芸が細かい上に仕上げが丁寧だったのである。

ネズミが水を張った容器に落ち込む「ネズミ自殺器」も奇抜なアイデアが受けた。赤岩一人の手づくり商品のため宣伝をしなかったが、意外性が受け、東京や越谷の特定の業者が仕入れ、作品は独自

性のある発明品として骨董的な価値を高めていった。長男が生まれていた。

工房では札所めぐりの参拝者向けの木製品も作り、近所の人も簡単な作業に加わり三人で生産に当たった。しかし、儲けにはつながらず、趣味の延長のように親族からは見られていた。本人は、新製品を作る楽しさと人を喜ばせる気持ちが強く、金儲けの気持ちは薄かった。

ある年、カブトムシが都会の子供たちの間で人気となり、商品として売られていることを知る。赤岩は山に入りカブトムシの習性を終日、観察し、どうすれば養殖できるかを研究する。夏に成虫になる昆虫だけに、山林で採ったオスメスの飼育から始めた。特製の飼育ケースを作り、内部に敷く腐葉

中国東北部の戦地宿舎に立つ赤岩

ミノムシの皮製ハンドバック（上）と財布（下）

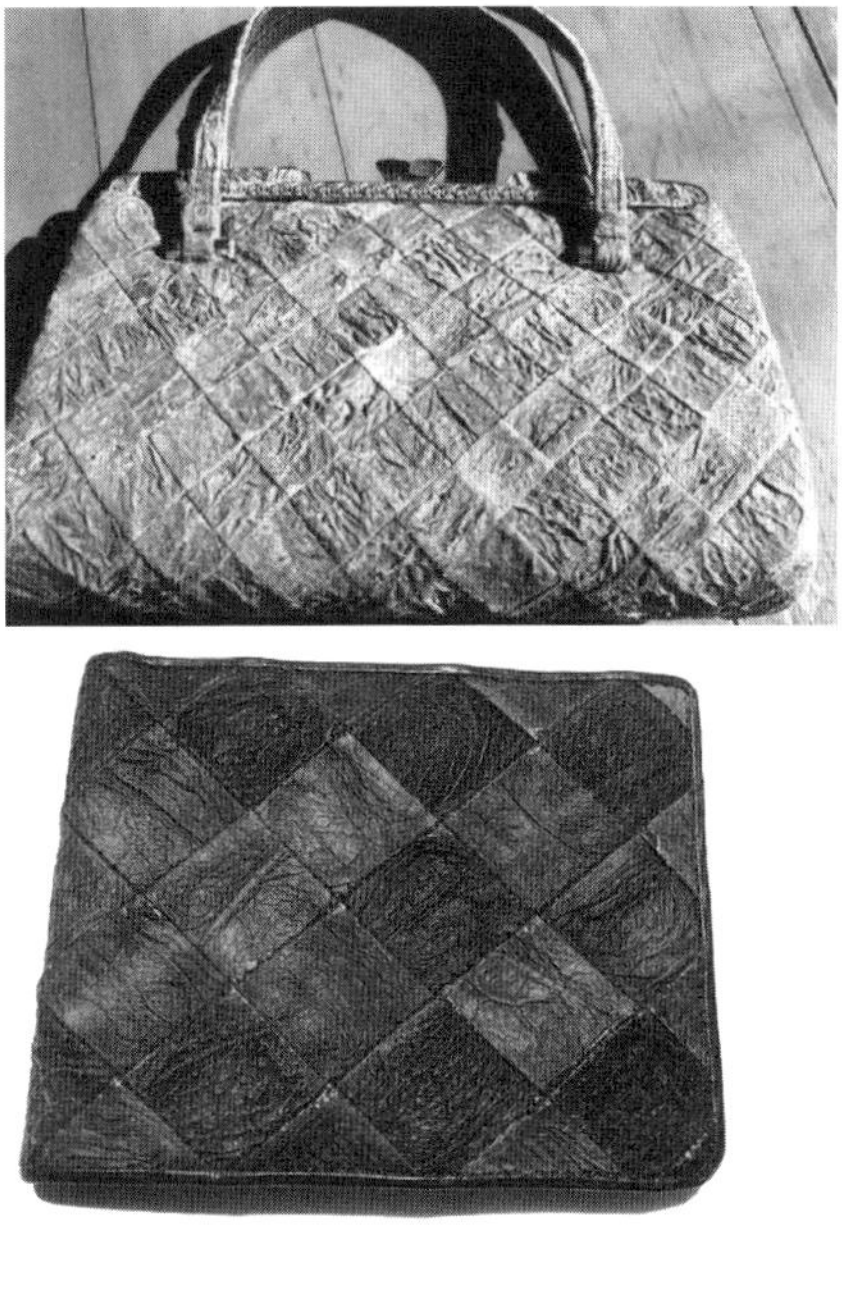

土を集め、産卵させるまで苦労する。卵が小さいため何度もつぶした。秋になって幼虫を育てるまで温度や餌、腐葉土で試行錯誤した。さなぎになり、羽化して成虫にこぎつけるまで二年かかった。今ではホームセンターで、飼育セットが販売されているが、当時、カブトムシの養殖など誰も思いつかなかった。

それだけに、工房内での成功は話題となり、新聞記者が取材に来た。「我が国初」と取り上げた週刊誌もあった。一躍、名が知られ、NHKの人気テレビ番組『それは私です』に出演した。秘密を持った三人のゲストを登場させ、三人の有名人が質問を浴びせ、秘密の内容と秘密の主を当てる人気番組だった。恥ずかしがり屋の赤岩は出演を固辞したが、家族や親類縁者の説得で養殖したカブトムシを容器ごと持参してスタジオ入りした。

出演当日、赤岩家のテレビの前に親類縁者が集まった。画面に映る赤岩の姿を見た多くの人たちから「テレビを見て感動した」との電話が殺到した。全国放送だったので、あちこちから手紙が舞い込んだ。赤岩はこの頃から「小鹿野のエジソン」と呼ばれていたのである。生き物の養殖は飼育が面倒で、費用対効果を考えると割に合わないため、起業化を断念する。四〇代後半になっていた。

小学生の頃、テレビで一部始終を見ていた甥の赤岩一男（秩父鉄道取締役）は「松寿叔父は物静かで研究熱心な人でした。いつも何かを考えており、同じ敷地内の別棟に住んでいたが、カブトムシの養殖は知らなかった。スタジオに持参した箱のカバーを司会者が外し、懐中電灯を当てると、何匹ものカブトムシが驚いて飛び上がったのを覚えています。番組では俳優の池部良さんが当ててくれました」と語っている。

筆者が赤岩に会ったのは、たまたま秩父三十四か所の観音霊場（札所）が開創七五〇年にあたるため札所の取材で三十一番「観音院」を訪ねた際、そこが「水虫の秘薬」で知られ、秘薬が観音院の世話人の一人の発明品であることを聞かされたからだ。あいにく、売店は閉まっていた。「水虫あばよ」の商品名にも驚き、作った人はどんな人なのか、下小鹿野の工房を訪ねたのだった。

町道に沿った赤岩家の広い敷地内の一角に一〇畳二間ぐらいの工房があった。木工製品を加工したり研磨する機械類が雑然と置かれ、その中心に作業中の赤岩がいた。白髪の痩身は芥川龍之介に似ており、背筋をまっすぐ伸ばし、眼光の鋭さは怖いほどだった。水虫薬に話を向けると、「有名になりすぎたのか、県から無承認無許可医薬品の疑いがあると指導されたため、近く、置けなくなるのです」と悲しそうに語り始めた。どんな事情で開発したのか、赤岩の最大の発明である水虫薬の開発には、次のような秘話が隠されていたのである。

札所の改修に貢献した「水虫あばよ」

山深い秩父地方は広大な面積に比べ人口が少ない。住民たちは医療に恵まれず、先祖伝来の生活の知恵として自生する豊富な薬草が地元住民を病気から守った。ヤマコンニャク、アマチャヅル、クロモジ、カイガラダケなどが便秘や高血圧、皮膚病や胃腸病に効果があるとして奥秩父で利用されていることに注目したのだ。何よりも、赤岩自身が水虫だったこともあり、自分の水虫を治すため薬草を使った塗り薬を作ったのがきっかけだった。

作り方を聞いた。「薬草はミキサーにかけ、一定期間寝かせる。酢の配合割合だけは秘密。かなり苦労したものです」と語った。数種類の薬草を組み合わせては絞った液を患部に塗った。さまざまな酢を混ぜては試す。副作用に注意し、時には液を飲んでみた。何度も同じことを繰り返すうち、頑固な水虫に少しずつ効果があらわれたのだった。農家では長時間、長靴をはくため水虫に手を焼いていた人たちが多かったことも研究に拍車がかかった。水虫に悩む地域の人の協力を得て一〇数回に及ぶ人体実験の結果、成分をギシギシ、タケニグサ、アロエ、酢、ハチミツの六種にした。「効果がある」との声があちこちから聞こえ始めた。

製薬会社の製品と区別するため名前に苦労する。晩年には音楽や狩猟に加え俳句の結社にも所属していた。迷わず名前を「水虫あばよ」に決めた。趣味で俳句をたしなんでおり、俳句心《ごころ》からひらめいたという。液体を入れる容器は市販されている栄養剤の空き瓶を使い、手書きのラベルを貼った。成分を明記せず「水虫に効きます」の文字だけを添えた。

最初のうちは「水虫で困っている人はどうぞ」の張り紙をつけ、希望者にあげていた。数か月すると、あちこちから、効果があるとの知らせが口コミで舞い込んだ。ある程度、数を量産し、一本三〇〇円で販売した。知らぬ間に「安くて効果がある水虫薬」との評判が広がった。名前にもひかれ、注文が

玉　1984年(昭和59年)8月20日　月曜日　朝日

複眼ルポ

姿を消す「水虫の秘薬」

知恵、薬事法に勝てず

でも後を絶たぬ注文

生き残る道を探る

奥秩父の山ふところに抱かれた秩父札所三十一番観音院に伝わる秘薬「水虫あばよ」が、近く姿を消す。薬草による治療効果もあり、各地からの巡拝者の人気を集め、有名になりすぎたため、県衛生部から無承認無許可医薬品としてやり玉にあげられたためだ。長い間、秘薬の売り上げが観音堂の修復や維持管理に貢献してきただけに、関係者のショックは大きい。祖先の生活の知恵から生まれた秘薬が生き残れる手だてはないのだろうか――

秘薬を求め、各地から訪れる人が絶えない秩父札所三十一番「鷲窟山観音院」

《発明》　山深い秩父は医療の施設に恵まれず、昔から、自生する豊富な薬草が地元民を病気から守った。ヤマコンニャク、アマチャズル、クロモジ、カイガラダケなどの薬草が便秘や高血圧、皮膚・胃腸病等に効果があるとされ、薬草の利用は今なお奥秩父で盛んだ。

たまたま、観音院の世話人の一人、赤岩松治さん(七〇)=小鹿野町在住=がこれら豊富な薬草に注目、自分自身の水虫を治すため、塗り薬の開発に着手した。先祖の言い伝えを思い出し、数種類の草をしぼって液を取り、酢を混ぜては患部に塗った。副作用を調べるため、時には飲んでもみた。

試行錯誤を重ねるうち、効果が徐々にあらわれた。地域住民で水虫に悩む人に使ってもらった。田仕事の多い農家では、とりわけ水虫に手を焼いていた。二十年前のことだ。

成分は、十数回に及ぶ人体実験の結果、ギシギシ、タケニグサ、アロエ、酢、うめ酢、ハチミツの六種。「薬草はミキサーにかけ、エキスを一定期間ねかせる。酢の混合割合がいわばノウハウなんですよ。苦労しました」(赤岩さん)

《効果》　「巡拝者で水虫に困ってる人にタダで使ってもらおう」と観音院の売店に置いたのは約十年前。小さなびんに「水虫に効きます」とだけ記入した。半信半疑で持ち帰る人が多かった。程なく、「おかげできれいに治りました」とお礼参りにくる人が目立ち、礼状も届いた。いつの間にか観音院は〝水虫の寺〟と呼ばれ始めた。

《ニセ薬》　有名になると大量生産に迫られる。がけに背を向けて立つ観音院の本堂は落石の直撃を受け、修理の必要に迫られていた。世話人たちは資金源の一つとして、「薬液」の有料化に踏み切った。俳人でもある赤岩さんは「水虫あばよ」と命名した。

小鹿野町内の保育園や廃品集積所から栄養剤用の小ビンを回収し、薬液を注入して量産化をはかった。販売所は山頂にある観音院の売店だけ。一本三百円。各地からの巡拝者の人気を集め、年間三千本以上がさばけた。「だまされたと思っても、この金額ではたかが知れてる」と大量買いも。時には売店で突然、はだしになり、水虫の完治を披露する人もいた。

薬草類のエキスを仕込んだ容器を手にする秘薬の生みの親、赤岩松治さん

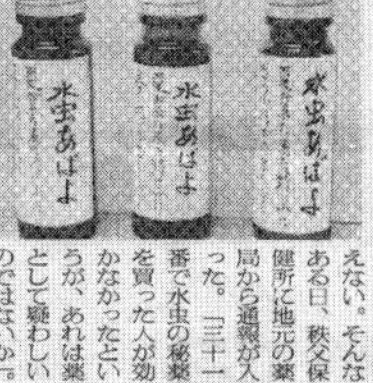

有名になりすぎて薬事法にふれ、近く姿を消す秩父札所三十一番の秘薬「水虫あばよ」

ことし二月、七百円に値上げされたが、〝あばよ人気〟は衰えない。そんなある日、秩父保健所に地元の薬局から通報が入った。「三十一番で水虫の秘薬を買った人が効かなかったというが、あれは薬として疑わしいのではないか」。七月下旬、報告を受けた県衛生部薬務課の職員ら三人が調査のため山を登った。

事情聴取の結果、「名称は水虫に効くとの暗示があり、液体は明らかに、医薬品の目的に当たる治療行為に使われるので無承認無許可の医薬品(ニセ薬品)。薬事法違反なので、すみやかに製造販売を中止してほしい」ということになった。

《再生薬》　こんな事情を知らぬ巡拝者から「あばよをください」との注文はあとを絶たない。観音院の堂守、鹿島辰雄さん(六七)は、「薬事法の上で問題があったので製造をとりやめてます」と苦しい返答。県の警告前に遠方から注文のあった七本分だけが保管されている。

副作用や事故の報告もなく、寺の財源ともなってきただけに、秘薬の製造中止に、赤岩さんの表情はけわしい。が、再生産に対する決意は固い。

「あまりにも評判がよすぎたため、その筋からおとがめがあるとは思っていた。俳句心からひらめいた『あばよ』の名前も使えなくなるのは残念。しかし、巡拝者をがっかりさせないよう成分を明示し、法にふれない形でぜひ発売したい。先祖の教えを受けつぎ、水虫持ちの人たちのためにも……」

県薬務課によると、全国の古寺で「宗祖御直伝毒消妙符」などの名でイチョウの葉などを売る例は薬事法に触れないという。観音院の秘薬が生き残る唯一の道は、主成分を明示した「宗祖御直伝水虫消妙符」ということになるのだろうか。

(佐々木　明記者)

著者が取材し、「水虫あばよ」を取り上げた新聞記事（1984年8月20日付）

遠方からもくるようになった。七四年頃のことで還暦になっていた。そんな時、赤岩が世話人をしていた三十一番札所の観音院で本殿などが落石の直撃を受け緊急に修理の必要に迫られていることを知る。急遽、世話人たちが話し合い、住職の了解を得て観音院の売店で売ることにした。

観音院は秩父札所のなかでも難所の一つ。急勾配の石段を二五〇段登った崖の上にある。健常者でも登るのはきつい。歩くほかないので高齢者泣かせの札所でもある。俳句の寺としても知られ、階段の至る所に句碑が立てられており、俳句好きな人たちの句会の舞台でもある。崖のてっぺんから一条の滝が落ち、昔は修験者が滝に打たれて修行した。しばしば落石のため本堂や納経所が壊され、補修費が悩みだった。巡礼者たちは全国各地からやってくるだけに、水虫で悩む人は予想以上に多かった。「水虫あばよ」は名前の面白さと値段の安さもあって、たちまち人気を集める。数か月すると、「おかげで治りました」とお礼参りに来る人もおり、礼状も増えた。いつの間にか、観音院は「水虫の寺」と呼ばれるようになり年間、三〇〇〇本以上も売れるようになっていった。心配していた副作用の情報はなかった。

町内の廃品集積所から栄養剤の小瓶を回収し、薬液を注入しラベルを貼り山頂の売店で売った。「日本一小さい店」と呼んだ。大量買いする人や売店の前で裸足《はだし》になり、薬の効果を披露する人までいた。工房の目玉商品になったが、売り上げの大部分が毎年のように実施される本堂などの補修費に充てられたので、赤岩にとっては奉仕活動も同然だった。発売から一〇年。赤岩は七〇歳になっており、価格も一本七〇〇円に改定されていた。買った人から「水虫の秘薬というが、薬品として疑わしいのではないか」との通報が地元保健所を通じ埼玉県衛生部薬務課に伝わったため、職員らが調査を始めたのである。そして、事情聴取の結果、「名称は水虫に効くとの暗示があり、液体は医薬品の目的にあたる治療行為に使われるので無承認無許可に相当する」との理由で、製造と販売の中止を申し入れてきたということだった。しかし、事情を知らない参拝者からの注文は後を絶たず、県からの警告前に注文のあった七本分だけが保管されていたのだった。

筆者は別れ際に赤岩が語った次の言葉を覚えている。「あまりにも評判が良すぎたため、その筋からおとがめがあるとは思っていた。しかし、巡礼者たちをがっかりさせないよう、成分を明示し、法に触れない形でぜひ販売を続けたい」。この言葉には先祖の教えを受け継ぎ、自分が世話人をしている札所への愛が込められ、赤岩が採算を度外視した慈善者でもあったことをうかがわせた。当時、観音院の堂守だった鹿島辰雄（故人）は「落石のたび改修作業に追われる札所だけに『水虫あばよ』は貴重な財源だった。札所の宣伝ばかりか秩父観光の面でも貢献してくれた」と語っていた。苦難の末の発明も、薬事法には勝てなかったのである。

俳句を楽しみ安らかな大往生

数々の発明のほか、事業も試み、多くの資格や趣味を持った赤岩だったが、妻とは意見が合わず晩年は別居状態が続いた。長男も独立して家を離れると、単身生活になる。木工製品作りは生活に困らない程度は作って販売し、ひたすら句作に打ち込んだ。地元の俳句会「あかね」の同人としても活躍。埼玉県俳句連盟理事にもなり、若手の指導にも熱心で句会のほか、各地へ句会旅行に出かけている。同年代からは「まっつぁん」と呼ばれ、誰からも尊敬されていた。教員時代や趣味の音楽、狩猟のことなどを素材にした句も作った。発明同好会を発足させ、若手を指導した。

世話好きで責任感が強く、自宅からは離れているものの、三十一番札所「観音院」の世話人として熱心に通った。句碑を立てたり、民芸品を販売し、その後も建物の補修に貢献した。しかし、寄る年波には勝てず、九四年になると風邪をこじらせ、体力が衰え石段をのぼっての奉仕活動も出来なくなった。九月に入ると自宅で寝たきり状態になり、実弟や親族らに見守られ、肺炎のため息を引き取った。戒名は「古松寿福居士」。菩提寺の住職がつけたが、自宅に近い赤岩家の敷地内にある一族の墓地に埋葬された。こけむした先祖ら二〇人近い墓地でひときわ新しい黒御影の墓石の先に秩父のシンボル、武甲山がそびえる。

筆者は一八年秋、三三年ぶりに赤岩宅を再訪した。一族が住む屋号の入った古い土蔵はそのままだったが、本家は新築されていた。赤岩が数々の発明を生んだ工房は同じ場所にあり、廃屋になっていた。窓越しにのぞくと昔の機械類がそのままホコリをかぶっていた。案内してくれた赤岩の義妹の久子は「松あにさんは頭が良くて、親切でした。気持ちが優しすぎるあまり金儲けだけはだめでした」と語った。

赤岩が同人だった俳句会「あかね」の８周年祝賀記年俳句大会での記念撮影
（昭和 56 年 / 赤岩は最前列の右から２人目）

そして、大切にしていたという赤岩が生前作っていたミノムシの皮で作ったハンドバッグと財布を見せてくれた。初めトカゲかワニ皮かと思ったが、二センチ四方の正方形で整然と並び、見事に薄い皮に縫い合わされ貼りあわせてある特殊な技術。まさに名人芸であった。ただで得られる素材を使い、高度な技術で芸術品級に作り上げたことに驚いた。触ると和紙のような独特な肌触りがあり、眺めているだけでも楽しくなるのであった。

さらに、赤岩が埼玉県衛生局に提出した八四年九月一三日付の水虫薬に関する「報告書」のコピーが残されていた。一字一字丁寧に書かれた直筆の内容は、①会社などの概要②違反品を指摘された年月日③違反行為のあった製造場所の名称、所在地④違反品目の品名、成分、分量、製造方法等⑤違反と指摘内容⑥違反となった経緯、原因理由等⑦会社の講じた措置の七項目にわたっていた。

地元の同志三人で、三十一番札所のお札のほか、木製ダルマ、土瓶敷き、魔除けの鈴などとともに「水虫あばよ」は売られていた。八四年までの三年間に無料配布の二〇〇個を含め三〇五〇本であることが詳細に記入されていた。そして、販売理由として三十一札番札所が崖の上にあるという立地条件から崖崩れによる観音堂の被害が多いことも強調されていた。指導を受けた後、回収作業にあたったが、買った人が特定できないため、今後は医薬品を暗示しない商品名として「足を爽快にする秩父観音水」「足の老化を防ぐ観音霊水」とすることが明記されていたのは驚きだった。そして、容器も従来のドリンク剤の廃物を利用するのではなく、新規に化粧品型の容器に改めることも書かれていた。そして最後に次のようにしめくくられていた。

「三十一番札所には、今なお、水虫あばよを求めに来る人が後を絶たないので、水虫に悩む人々のためにも、札所の維持管理のためにも、ひいては小鹿野町の観光のためにも、長い間の試行錯誤の末に出来上がった『水虫あばよ』を引き継いで、法に触れない形によって世に出していただきたく、乞い願うものであります」と結ばれていたのであった。赤岩は、本気で自身最大の発明とされる「水虫あばよ」に代わる商品の再発売に意欲を燃やしていることが分かり、老いの一徹に心を洗われる思いだった。

筆者はその足で観音堂の二五〇段の石段を時間をかけて登った。石段の途中に五〇を超す俳句が目に入った。頂上の納経所に地元俳句会の作品が額に入っていた。

初猟の第一発の峡にしむ（赤岩宗治、小鹿野）を見つけた。

「宗治」は俳号で、三三年ぶりに彼と再会した気になった。まさか赤岩の俳句に出合うとは思っていなかっただけに、想定外の感動で疲れが吹き飛んでしまった。堂守の猪野操は「こんな難所なのに、全国各地からの参拝者がやってくるので、四人の堂守が年中無休状態で納経などを手伝っています。いまだに、水虫あばよの名前を出して欲しがる人や世話人だった赤岩さんのことを尋ねる人がいます。

崖の頂上に立つ三十一番札所「観音院」の観音堂（上）
三十一番札所の入口（下）

『販売しておりません』と言うのがつらい。がっかりして下山する姿を見ると申し訳ない気持ちになります」と語った。

赤岩の没後、「小鹿野にエジソンが居た」という松寿の遺作展が町内の各地で開かれ、参加者たちは地元が生んだ発明家の作品や俳句を通して故人を偲んだ。三十二番札所の「法性寺」では作品を販売していたこともあり、故人と親しかった住職や画家、音楽家らの呼びかけで地域の人たちが参加。赤岩が作った木工作品をはじめ、独創的な玩具類、木のベルト、ミノムシの皮製品などの珍品が並び、手に取った参加者たちを驚かした。木のベルトの販売を請け負っていた群馬県の業者は「在庫が何本かあるが、独自の発想から生まれた驚異的な手づくり作品は貴重で売る気にならない」と語っていたと言う。

四日間限定の遺作展を企画したメンバーの一人で小鹿野町の理髪店主、強矢《すねや》一雄は「まっつぁんは口数の少ない人だったが、頭を刈りにくるたび発明の楽しさを話してくれた。マダケを粉末にした団《だん》子《ご》の試食もしたが、味がサツマイモに似ていたので商品化はできなかった。ミノムシ作品を自分でも作ってみようと一緒に梅林に入ったこともある。小さな皮を広げるだけでも大変で作るのはあきらめた。豊かな独創性と物を作り出す執念がすごかった。自慢の水虫薬を新しい名前で再発売できなかったことが残念だ」と口惜《くや》しがった。

2

阿部　完市

（精神科医、俳人）

誰も真似られない前衛俳句

阿部完市（あべ　かんいち）

一九二八年（昭和三）一月二五日〜二〇〇九年（平成二一）二月一九日。享年八一歳。

東京都生まれ。金沢大医学部卒。勤務先の病院で俳句を覚え、有季定型に縛られぬ独自の作風は「前衛俳句」として評価された。覚せい剤を服用し、自己観察した俳句が話題を呼ぶ。現代俳句協会賞など受賞。元現代俳句協会副会長。句集に『無帽』『絵本の空』など。浦和神経サナトリウムの院長、理事長として活躍した。

勤務先の病院で俳句と出合う

精神科医として活躍する一方、「有季定型」の伝統をくつがえし、人とまぎれず、独自の前衛俳句を作り「アベカン」の愛称で知られた阿部は東京、牛込で生まれた。二人兄弟の長男。父親は会社員だったが、家庭は裕福とは言えなかった。旧制の獨協中学を卒業後、脳外科医にあこがれ、奨学金をもらいながら金沢医大へ進学する。卒業後は、二三歳で国家試験に合格、実習生として大津の病院へ。その後、精神科医として小松、甲府などの病院を転々とした。初任地で俳句クラブに加わり、世界最短の文芸に魅せられた。甲府の病院に移った二〇代の後半に金沢出身の女性と知り合い結婚する。所帯を持ってからは激務の余暇に句作に励み、自分の感性を短い言葉に込められる俳句の奥の深さにのめり込む。日野草城の「青玄」、西村白雲郷の「未完」、高柳重信の「俳句評論」などの結社の同人となり、結社を替えるごとに実力をつけ、誰にも真似られない異質な作品を次々と生み出していく。

眼を開けて　寒卵産む　立派なり
夕焼けや　ぼおんぼおんと　地球なり
木にのぼり　あざやかあざやか　アフリカ　など
太郎月の　お年玉　いちふらん
秋刀魚《さんま》喰う　男の暮らし　隙だらけ

子を抱いて　大断層の　上に出る

覚せい剤を服用、作句し驚かす――

　やがて、精神科医で俳句をたしなむ阿部を一躍、有名にした事件が起こる。長男の陽市が生まれて間もない五九年、川口市内の病院勤務の際に同僚の医師、看護師の管理下で自ら被験者となってＬＳＤ（覚せい剤）を皮下注射して肉体と意識への挑戦ともいえる人体実験を試みたのである。強烈な作用をする幻覚剤であり、麻薬にも指定されていることを承知のうえで、医学面でのデータとは別に、服用前後の身体状況で俳句を作るという誰もが夢にも思わなかった出来事だった。海外では過去に著名な作家が服用し、体験を作品に発表した例はあるが少なくとも、俳句の世界で試みた例は初めてだった。

　まかり間違えれば廃人になりかねない。それだけに、関わった医療スタッフは緊張し、阿部の一挙手一投足を見守ったことは言うまでもない。ところが、本人の自由気ままに作句できるとの当初の計画は外れてしまう。意識混濁から戻るまでにできた句は、二四句。気分こそ高ぶっていたが、くにゃくにゃの字は自分では読めても文字の態《てい》をなしていなかったのである。そんな状況下でできた句は後に発表した「ＬＳＤの世界」と題した次の句だった。

正常へ　こんなに重い　青鉛筆
沼のなかで　文字を書いてる　十指
脳の中　時間が重し　黄金虫《こがねむし》
眠りに入る　重さ手にあり　純金鎖り
一滴の　水のごとくに　われまろし
天にこしかけ　ちぢまり　生きている私
彦根城　軽い青さの　さびれ方
秩父山系へ　ぼろぼろの声　わが烏
金の〈渓谷〉にて、医師たちの　偽証
全力の　中心点に　中毒屍
鏡・旗　後頭部にある　正確な心
扉が　月つき刺している　明るさよ
正面に　一人間の　卵あり

取り上げたのは一部だが、これらの句は、発表されることなく、七年余りも阿部のノートに記されたまま眠っていた。だが、「あの経験は面白かった。なぜか、島根半島の南側にあるシジミで有名な宍道湖《しんじこ》に鎧兜を着けた武者が歩いていく景色が見えたんだ」と長男の陽市には自慢げに語っていたのだ。阿部の幻想体験は、彼に「無意識」を実感させた一大事件でもあった。この体験を通じ、「前衛俳句」を「形」の前衛から、「意識」の前衛へと推し進めたのである。

金子兜太と出会い激賞される

阿部は川口市内の自宅から東京新宿の病院勤務に転勤した時、現代俳句の旗手として活躍していた金子兜太（二〇一八年病没）と出会う。当時の金子は日銀本店勤務で俳句結社、「海程」の主宰者だった。阿部は、有季定型を外した、大胆な句風にあこがれていたので、迷うことなく、「海程」の同人に名を連ねた。六二年のことだ。金子は当時の阿部の印象を「診察衣のまま、ふうふうと、まるでバッファローのような息遣いで目の前に現れた」と記している。その頃の阿部は、浦和市内に住居を移していた。そして、機関誌「海程」の新同人作品欄に投句した作品を金子が激賞し、周囲を驚かせたのである。その作品は、

少年来る　無心に　充分に刺すために

名刺がわりに同人として投句した最初の作品がいきなり評価されたことで、本人も自信を強めたこ

とは言うまでもない。一躍、代表作の一つになったのである。

二年前の一〇月、東京の日比谷公会堂で演説していた社会党委員長の浅沼稲次郎が一七歳の右翼少年（のちに自殺）に刺殺された事件が起きていた。この句を見た誰もがこれを素材にした作品だと思っていた。この年はベトナム戦争が始まり、安保闘争やキューバ危機が起きるなど世界が騒然としていた。

ところが、句の素材は大方の予想に反し、「ただ、少年という明るくて鋭く、充分に陰があって我《わが》儘《まま》で無惨な存在をふと、書いたに過ぎない」と阿部は自作ノートに記していたのだ。四〇歳になっていた。

阿部と同じ頃の「海程」同人で、俳句界の重鎮として兜太亡き後「海程」の理念を継ぐ俳誌「海原」代表の安西篤は「今までにない何かを求め、言葉のリズムや語感を体感としてとらえ、新鮮な刺激を与える人だった。有季定形の伝統派の批判はあったが、誰にも真似のできない表現力を早くから身に着けており、異質で輝く存在だった。作品は伝統、前衛を問わず玄人筋の支持を受けた。こんな俳人は二度と出ないだろう。『ダメダ、コリヤ』が口癖で少年の句の衝撃は忘れられない」と当時を懐かしがる。また、三〇年来の俳句仲間で俳誌「山河」代表の山本敏倖は「音韻と、音韻から受ける印象を大切にした。言葉を字数にせず、塊《かたま》りとしてとらえる考えが新鮮だった。自分のリズムをもっており、自分の句を分からなくする良さも教えてくれた人だった」と特異な才能を評価している。

病院を建設、院長として大活躍

「海程」に入会した翌年、浦和市郊外に住居を移して用地を確保し「浦和神経サナトリウム」を設立し院長となった。医師としての豊富な経験を生かし、患者、家族の気持ちに寄り添った診療を開始した。以来、年一回の患者、家族、病院従事者による「大運動会」を欠かさず実施、何よりもコミュニケーションを大切にした。家庭内暴力が社会問題になり、不登校が増え、学生運動も過激化し、精神を病む若者も目立ち病院は多忙をきわめた。患者のなかには覚せい剤やアルコール中毒の後遺症による重度の人たちもいた。脱走者が出るたび職員と一緒に探し回ったり、消防や警察に協力を要請した。時には凶暴性のある患者から殴られたり、首を絞められることもあった。

そんな精神科医としての激務のなかで、俳句はかけがえのない安らぎの場でもあった。六六年、第二句集「絵本の空」を出す頃には長女の章子が生まれていた。この句集には金子が激賞した「少年の句」も盛り込まれ、翌年の「現代俳句協会賞」につながる。大阪万博が開催されていた。病院経営も順調で、患者数の増加につれ、病棟を増設、スタッフも強化した。句作も増え、「無帽」、「絵本の空」、「にもつは絵馬」、「春日朝歌」などの句集を続々と出版。前衛俳人として名声を高めていく。職員も患者も院長が俳人であることを知るようになった。医療現場の句だけをあげてみると

鰯雲　人を死なせて　しまいけり

つかれはて　医員某　酷暑かな
紫の火を　燃やさんと　精神科医
看護婦眠る　永くかすれた　航海して
草木より　病気きれいに　みえいたり
あすぴりん　のんで　とんがっている

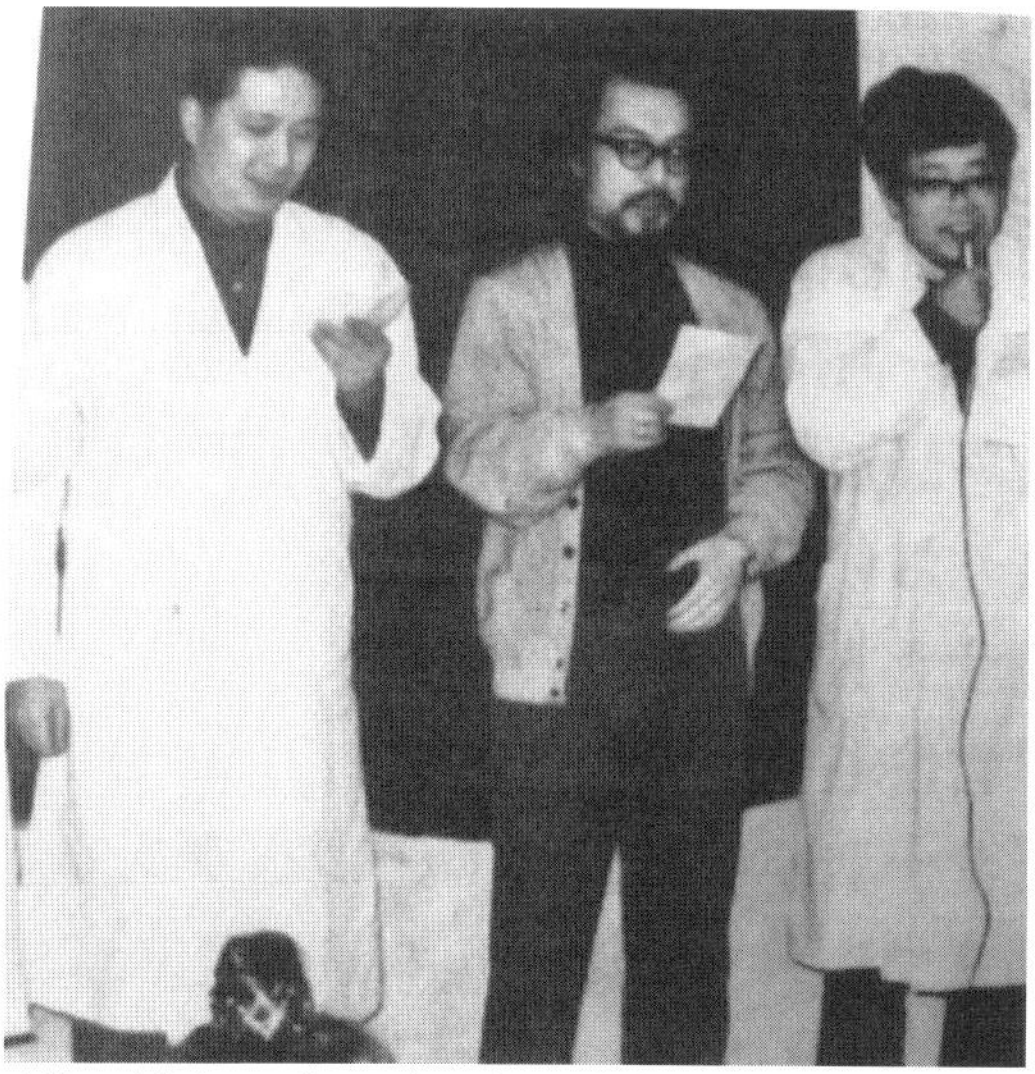
病院の演芸会で同僚の医師と歌う阿部(左)

宴席に出ても酒は一滴も飲めなかった阿部(右)

しもやけ　しもやけ　まっさかさまである
病院で　絹を燃やして　苦しみ居り

阿部が使っていた院長室を兼ねる第一診療室には、今なお、「食ぱん　売買す古人のごとし」の直筆の句がかけられている。阿部の句には、有季定型や客観写生など伝統俳句の約束事を外れていることに加え、常に「難解」の言葉がついて回る。しかし、作品は何かを伝えている点での評価は高く、伝統俳句の人たちや女性のファンが多いことも注目されている。「海程」同人のなかに作品と人間性にあこがれ追っかけ女性までいたことからも分かる。
地名を盛り込んだ作品も目立つ。地名の生かし方にも独創性がうかがわれる。

栃木にも　いろいろ雨の　たましいもいたり
会釈して　北陸道に　入りたり
にもつは絵馬　風の品川　すぎている
東京の　美しき米屋が　ともだち
気球とねむらず　北ドイツ人　フォーク教授

両手で人間の心をつかむ俳人

筆者が阿部に会ったのは八一年暮で、五〇代の半ばだった。数々の賞を受け、俳誌の編集長を務め、現代俳句協会や日本ペンクラブ会員としても活躍していた。角川書店が発行した「現代俳句大系」に第三句集が収録され、前衛俳句の作者として油が乗り切っていた。精神科医としては誠実な人柄が親しまれ、的確な診察は若者の患者から老人に至るまで信頼され、名医としても知られていた。色白、やや肥満気味で、語る言葉には無駄がなく鋭かった。

髪型も清潔で白衣が似合っていた。優しいまなざしは、心の中まで覗かれているように思った。なぜ、前衛なのか質問すると、「最初は有季定型で出発したが、説教じみたり、手あかのついた思想が嫌になった。そう思ってるうちに自然に季語がとれ、定型からはみ出ていたんです」と語った。医者になった動機については、「幼少の頃、病弱でたびたび死線をさまよった。子供心に大きくなったら命を守る医者になると心に誓った」と語気を強めた。医療と俳句との関係については、こう返答した。「人の心ぐらい分からないものはない。患者の心の裏は見抜けても、裏の裏までは入れない。右手が精神科の医者で、左手が俳句。この両手で、人間の心を何とかつかんでいきたいんです」。

作句の心構えでは、「目の前にまず言葉が出てくる。気分が乗ると、言葉が急に光りだして句になる」と明かした。酒、タバコはやらず、ゴルフとも無縁で、枕元に医学書と哲学書、中国語辞典を置き、夜ごと寝酒代わりに読むのが日課であることも知った。

別れ際に語った言葉を忘れない。「感性豊かで、柔軟な言葉を使える人の作品に出合うと心がジーンとして、次にむらむらっと対抗意識が湧いてくるんですよ」。どこまでも、誠実で、感性と言葉に敏感な人だと分かった。

オーストラリアの青年(右)をホームステイさせた頃の阿部一家

三度入院するも、延命を拒否

阿部が院長として在任中は激務の連続だった。二人の子供を含め親子四人が旅をする機会も少なかった。還暦をすぎた頃、ロータリークラブの会員の一人としてオーストラリアの青年を二週間、自宅で預かった。「雪を見たい」との希望を聞き入れ、冬に受け入れ、家族で歓待し友好親善を果たしている。医師の学会やペンクラブ、俳句仲間、ロータリークラブでは酒席の場が多かったが、おちょこ一杯で目が回り、タバコも最初の一服でむせる体質で禁酒、禁煙を貫いている。文化人としての交流も欠かさず、酒の席を苦にしない。海外にも米欧、中国、豪州、ネパールなどに出かけており、仏像や仏画、マリア像などを買い込んでくるのが晩年の趣味となった。

八六年には病床数が二二〇床になり、法人の資格もとり、医療法人白翔会として県内でも有数の病院となった。激務のなかでも句作は衰えることなく、九一年には第七句集「軽のやまめ」が発行された。七〇歳を超えたのを機に病院長を退き、理事長になる。患者と病院を結ぶ院内報「東風《こちかぜ》」を発行。新館の完成とともにホームページを開設、精神科救急医療の施設指定を受け、作業療法認可も受け、患者の職場復帰にも尽力した。二〇〇八年、最後の句集「水売り」を出版。その中にある一句が俳句仲間の間で、辞世の句とされていた。

山々や　三百六十五日と　休日

阿部とともに、半世紀にわたり病院の運営面で苦楽を共にした病院長（理事長）の菊池章は「医学部の学生時代から指導を受けてきましたが、阿部先生の診断は的確で、直観力の鋭い方でした。俳人としての共通点を感じています」と語っている。

葬儀も戒名も無用を貫く

精神科医と俳人。二足のわらじをはき、いずれも実績をあげてきた阿部だったが、妻に先立たれると、蓄積された疲労がたまるようになった。身体に異変が現れたのは八〇歳の時だった。〇七年一二月、自宅で胸が苦しくなり、救急車でさいたま市内の病院に運ばれ三週間入院する。高血圧に糖尿もあり各種の検査をし、安静を求められたが、延命を望まなかった。無理がたたり、〇八年一二月、呼吸困難で再度入院、その後入退院を繰り返す。〇九年二月、「現代俳句大賞」の受賞を喜んだが、その喜びも反転する。三度目の入院になると状態がさらに悪化していた。さいたま市内の個室の病床では息子の陽市と長女の章子が付きっきりで看病した。数日後のある日、人工呼吸の合間に阿部は章子に紙と鉛筆を要求した。章子が手帳を開き、鉛筆を持たせると、握力のない右手で何やら時間をかけて記した。字はたどたどしかったが、主治医にあてた俳句であった。これが遺書であり、絶筆となった。

美しく　おにがえおかく　こぞことし

それから数日後のこと、阿部は主治医と二人の子供に見守られ、息を引き取った。生前から葬儀も戒名も無用との遺言通り、家族葬の後、川越市内の無宗教の墓に葬られた。

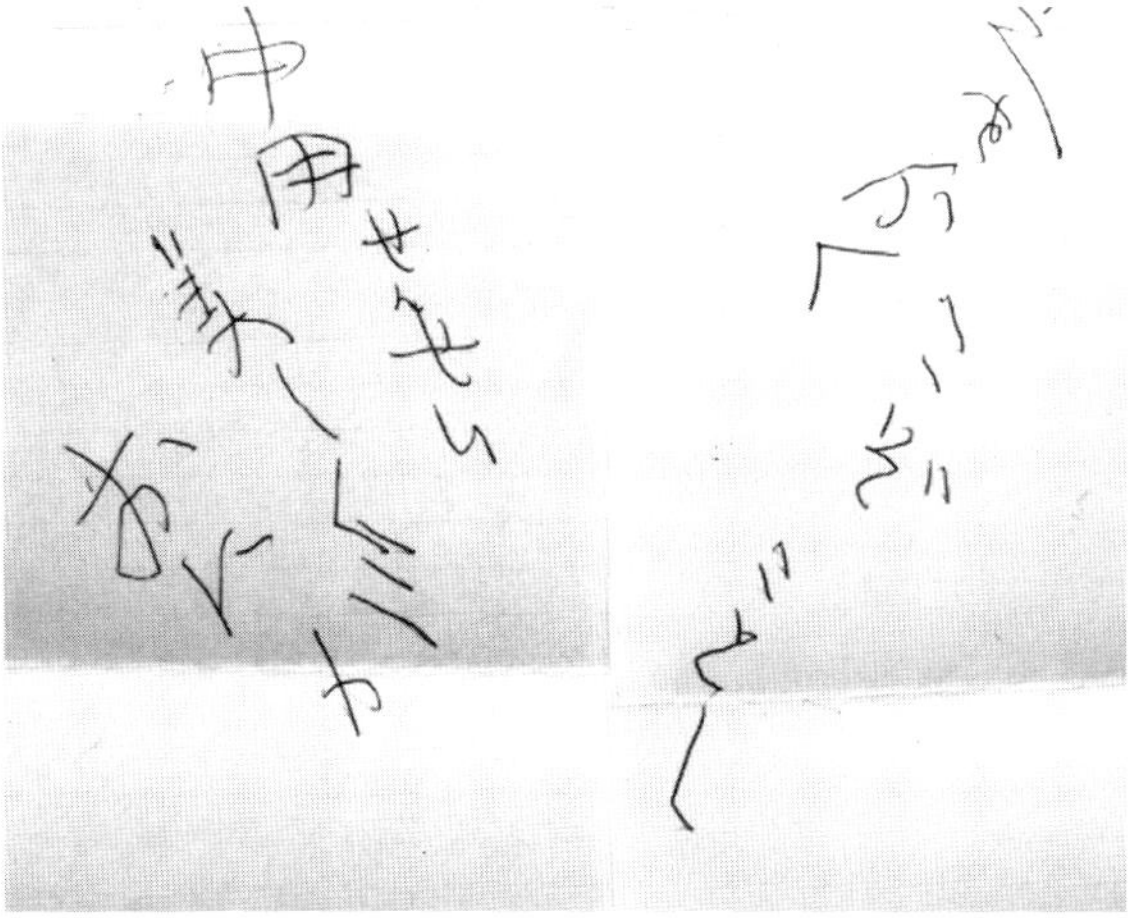
死の間際、阿部が主治医に向けて書いた生前最後の俳句

阿部を診察し、最期を看取った三愛病院副院長の中田晃孝は言う。「病院長が患者さんだったこともあり、若輩として常に緊張しました。最初の入院の時、血管のカテーテル検査を拒否されたのです。三度目の入院の際、人工呼吸の状態で血管を調べたらぼろぼろでした。おとなしい患者さんで、俳句をされることも知りませんでした。私の名前を入れた作品を書いていただいたのは、光栄です。句に出てくる『おに』は、病気のことかもしれませんね」と語った。生前最後の句は主治医への感謝を込めた誰にも分かる有季定型であった。

父親の建てた病院の事務長を務め創立五〇年記念誌「恕ジョ　おもいやり」にもかかわった長男の陽市は「父にとっての俳句は遊び。いつも、どう遊ぶかを考えているようでした。家では頑固おやじで、服装にやかましく、よく殴られました。ブルジョア趣味が嫌いでゴルフはせず、患者と病院のことばかり考えていました」と言い、病院の理事でもある長女の千賀章子は「父にとっての俳句は人生そのもの。その俳句を死の直前まで楽しんだ大往生でした」と語っている。

3

今井　満里（書家）

伝統を破り、作品を国内外で発表

今井満里（いまい　まり）

一九一四年（大正三）二月二一日～一九九五年（平成七）八月二〇日。享年八一歳。

東京都生まれ。旧姓、長野満里子。六歳からのちに義父となる今井松堂に師事。東京大空襲で浦和に疎開。自宅で書道塾を開く一方、埼玉県庁で三人の知事の代筆などして書を磨く。伝統を打ち破り、創造性を生かした前衛の大作を発表し、欧米の美術館などで一五回を超す個展を開く。金蘭会主宰、東洋書人連合参与。埼玉県文化功労章、浦和市文化栄誉賞など受賞。

母の願い通り六歳で弟子入り

書家になるべくしてなった人である。東京の下町、江東区深川で生まれ、育った。父親は銀行経営などに当たっていたが事業に失敗。母親は縁あって、旧宮家の一つ、北白川宮家の御殿女中として頼りにされ、手腕をふるった。毎日のように貴人のそばで筆を持ち、一字一字美しい文字を書いている御祐筆様と呼ばれる、書が上手な女性の姿を仕事の合間に垣間見ていた。好きな文字を書いて一日を過ごせる姿にあこがれた。そしてある日、決断する。六歳になった娘の満里子を当時、その道で聞こえが高かった江東区深川の書家、今井松堂（本名、弥三郎）の許へ弟子入りさせたのである。同時に松堂が主宰する「金蘭会」の最年少会員になった。まるで嫌がることなく、学校が終わると習字の道具一式を持って師匠の許へ毎日のように通った。書机の座り方、姿勢、筆の持ち方、字を書く際の注意事項などをみっちり学ぶ。年少だからと甘やかすことなく、師匠の教えは厳しかった。型にはめようとせず、自由に書かせてくれたことが、やる気につながっていく。

毎回、書くのが好きになり楽しかった。家から近かったこともあり、雨の日も風の日も休まず通った。めきめき力をつけ、他の弟子にはない作品の独自性が評価されるようになっていた。宮家という特殊な職場で書に魅せられた母親の願いに娘がこたえたのである。

一四歳で宮様の前で揮毫

一三歳の時、日本書道作品展に初出品する。晴れの舞台が一四歳の時に訪れる。日本美術協会での行事の際、選ばれて東久邇宮殿下が見守る前で臆することなく、赤い毛氈の上で堂々と揮毫したのである。師匠や両親、弟子たちが感激するなかで「習字」の楽しさにのめり込み、さらに自信をつけていくのだった。

最年少の弟子として可愛がられ、時々、師匠が揮毫する会場にお供として同行した。できたての作品に小さな手で落款を押した。時には、「お前も書いてみなさい」と言われ、好きな文字を揮毫したこともあった。展覧会で入選するようになったが、なぜか師匠は満里子にだけは、自分が書いた手本を渡すことはなかったという。

思い余ってある日、「私だけを書家にしてください」と書いた紙を師匠の硯箱にこっそり入れる。師匠は見て見ぬふりをし、放置していた。なぜ、自分にだけ手本を書いてくれないのか、意味が分からないまま一八歳になっていた。

弟子同士で結婚、師匠の養女に

深川女子技芸学校を起源とする、私立の有名校で知られた中村高女を卒業した。その後も師匠の許での修行は続く。そんなある日、師匠の勧めで縁談がまとまり弟子の一人だった今井博と結婚することになった。満里子が六歳の時、絣《かすり》の着物を着て、手を取って初歩的なことを教えてくれた一番弟子の書生だった人だ。今井家の養子となっていたので、結婚後の姓は今井となった。夫の号は、今井桂堂。満里子の号は「松喬」と付けられたが、結婚後、文字が男子を連想させるので本名の「満里子」から子をとって「満里」にした。夫の博はすでに深川に住み、書道塾を開いていた。二人は助け合いながら習いに来る子供たちに書道を指導した。結婚後、第一回泰東書道院展に出展、銅賞、銀賞を連続受賞すると特別会員に推挙された。

深川にいる間に今井は一男三女の母親になっていた。太平洋戦争が激しくなった一九四五年三月の東京大空襲で自宅が被爆。やむなく浦和市別所の親族の家に身を寄せた。六人の生活は決して楽ではなく、生きるのに必死だった。終戦後、今井は週三回、博とともに習字塾を開き、生徒たちに教えた。書道の力量が認められ、週三回、埼玉県庁秘書課の嘱託として勤めることになる。西村、大沢、栗原の三知事の下で八年余り重宝された。秘書課にいながら、知事の代筆を頼まれたり、人事異動の季節になると一人一人の名前を辞令に筆で書いた。時には徹夜にもなった。筆を休みなく使っての仕事は途切れず、書に磨きがかかっていく。

一方、夫の博は食料関連の公団で働きつつ、自宅の習字塾では主として小学生に硬筆を教え、経理も担当した。

伝統を打破し、前衛作品を連発

やがて、県庁に近い岸町の住宅地に稽古場を備えた自宅を新築した。一九五四年頃のことで四〇歳になっていた。秘書課時代には依頼されるまま正門前に掲げる「埼玉県庁」の表札文字を書いた。これをきっかけに、老舗のうなぎ屋「中村屋」から頼まれた「蒲焼」の文字や浦和市で最古の醸造元、内木酒造の代表酒「うらら」「純」のラベル文字も書いて喜ばれた。ほとんどが無償に近い奉仕活動で、頼まれると断らずに引き受けた。女性向けに開発された「うらら」は、公募で決まった名前だった。蔵元から頼まれた時、交通事故で入院中だった。今井は、「足は痛いが、手は平気」と次女の充子に紙と墨と筆を運ばせ、ベッドの上で書いたという。

何よりも、書くことは修行であり、自分の書が世の中の役にたっていることに驚き、喜びを感じた。乞われるまま「秩父多摩国立公園」や「中山道」の文字も個性豊かに書いている。教え子との縁で、さいたま市内の伝統のある、わらしべ保育園の園名の文字や、卒園記念証書の文字も書き、数年にわたり卒園児童の名前を一人ずつ書いていた。卒園児童の名前書きは今なお、弟子が引き継いでおり、年長組の園児に習字を指導している。元園長の梅沢順子は「今井先生とは自宅が近かったのと息子が習字を習っていたことからお願いしました。私も弟子になりましたが、人に喜ばれることなら、と報酬を当てにせず協力してくださいました。大人の作品と子供の作品を一緒に並べる展覧会はおやめなさい。子供の作品の方がうまいから、といつも言っていました」と語っている。自由奔放に個性を生かせ、書ける喜びに疲れはなかった。

高度経済成長が進み県都・浦和は人口が急増する。ベビーブームも手伝い習い事としての習字は小学校の必修科目になったことから書道塾は繁盛した。座席が足りず、番号札を出して整理するほどだった。すでに師匠に先立たれていた今井は師の跡を継ぐ。「金蘭会」の主宰者になると、書道界にみられる年功序列型で閉鎖的な従来の伝統的な書道に強く反発するようになった。師の教えを守り、決して弟子たちには、自分の作品を手本にさせず、注意はしても、ほとんど直さない方針をとった。書きたいように自由に書かせ、各自の個性を尊重した。手本を模倣する学校の習字とは違うので、子供た

うなぎ屋「中村屋」から依頼された「蒲焼」の看板文字

内木酒造 「うらら」と「純」のラベル文字

「中山道浦和宿」の碑文字

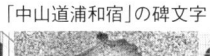

ちはのびのびと書いた。上達するにつれ、書の古典とされる中国の拓本を勧めた。石や木片に刻まれ、書かれた文字は、書が上手な人が筆をとり、それを知る人が彫ったからだ。書の古典を徹底的に習わせ、その上で工夫を加え自分独自の書にすることを重視したのである。

今井は孫たちを可愛がり、とりわけ、次女、橋本充子の娘、中島かおりを三歳から弟子にした。大勢の中で孫扱いすることなく、厳しく指導した。かおりは後に身内から出た唯一の書家として活躍。祖母の満里との二人展を銀座で開いている。かおりは語る。「今井先生は稽古の場でみんなに『書きたくなったら書きなさい』とよく言っていました。とても書きたくなる魔法の言葉でした。書は自己表現なので人まねではなく、それぞれに違って自分流が大切なことを学びました」。今なお、決して祖母とは言わず先生に徹していた。

書壇に関わることを好まず、肩書や資格を廃し、書が好きな人が集まり、書を人生の伴侶にしてもらいたいとの気持ちから少数の同志と「前衛書道」に舵を切ったのである。同時に、書道界の一匹狼になって独自の作品作りと格闘するのだった。五四年、それまで書道芸術院の審査員と理事を務めていたが、脱退。その後、前衛作品を集めた個展を開いた。拓本の手法を使い、これまでの白と黒だけの世界からさまざまな色を自由に使ってみた。奇抜な発想、大胆な筆遣い、色の多彩さなどの新技法が書道界に衝撃を与え、見る者の度肝をぬいた。「慈」、「寿」、「新」、「福」、「帰」、「包」など一文字を好んで書き、聖句から宮沢賢治の言葉「世界がぜんたい　幸福にならないうちは　個人の幸福はあり得ない」まで作品にしている。

筆者が今井に会ったのは八一年。六〇代の後半になっており、前衛書家としての地位を築いていた。すでに海外に目を向け、欧州巡回展をはじめ、ドイツ、オーストラリア、アメリカなどで実績をあげていた頃である。今井の活躍ぶりはアメリカの有力な写真雑誌でも取りあげられていた。下町生まれの江戸っ子とあって、話し言葉に威勢の良さがあり、年齢に似ず一〇歳ぐらい若く見え、一男三女の間に孫が一三人いることを自慢した。小柄なこの人が和服に白足袋《しろたび》、たすき掛けでバケツに入れた墨汁をふんだんに使い、竹ぼうきのような大筆で一〇《メートル》四方もある紙めがけ一気に作品を書き上げることが想像できなかった。大柄な外国人の前で披露する姿を想像すると「度胸の人」とも思った。

書道の紙が置かれた机の前で、「いい物を作ろうと思ったらだめ。書は、向こう様〈書の神様〉から授かるようなもの。何の欲もなく、筆を持ってひたすら書くことよ、ね」と言って笑った。当時、三百人を超す弟子を指導していた。資格や肩書がものを言う時代にあって段とか級を与えず、ひたすら書の楽しさを大事にすることを説いた。「あたしの学生時代、学校での習字の成績は丙か丁。ただ、字だけはいつも元気があって、はみ出してましたよ」と言ったのは信じられなかった。最後のひとことが強く印象に残った。「書は一期一会《いちごいちえ》。その時限りの勝負です。私の人生はまだ暁闇《ぎょうあん》。これからだと思っています」。あわてて暁闇の意味を調べて、「夜明け前」と分かった。亡くなる一五年前の言葉に意志の強さを感じた。別れ際に筆をとると大きな字で「福」とだけ書いた。かすれ具合が模様のような不思議な字だった。「面白い字ですね」と言うと「気に入ったら持ってく?」と言って雅印を押してくれた。気前のいい人でもあった。

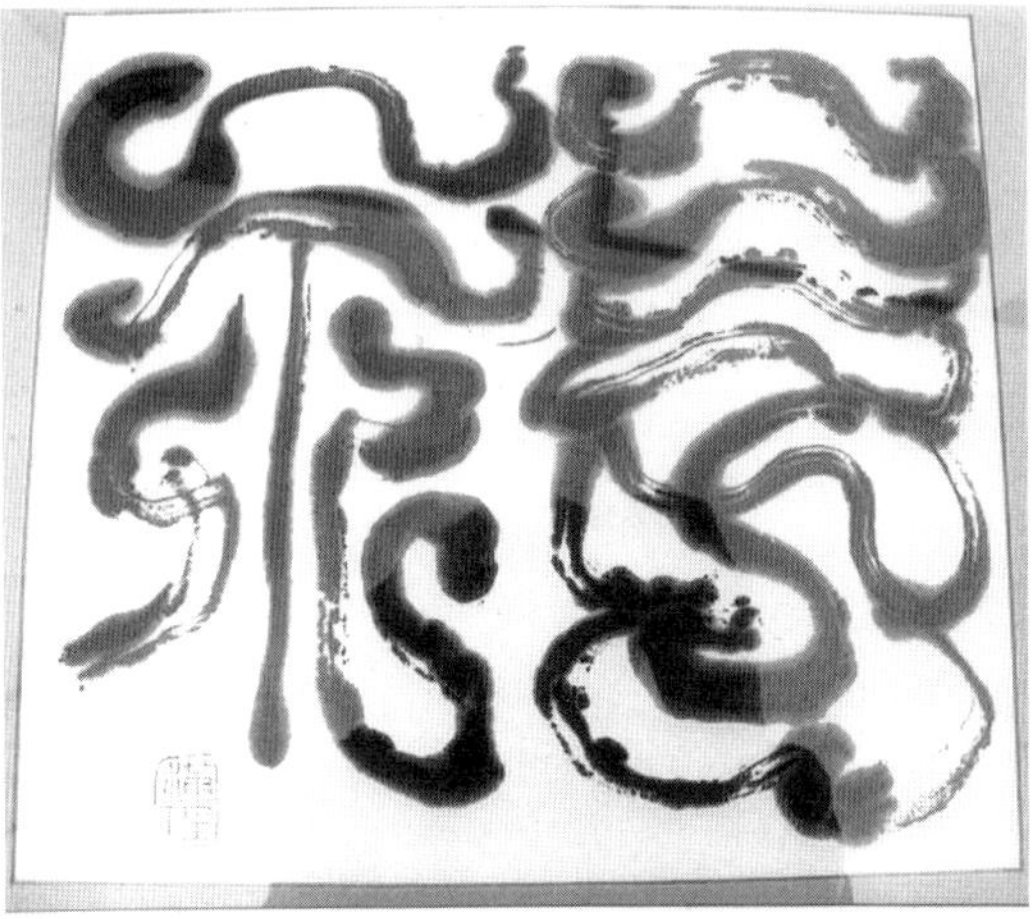
筆者の目の前で書いてくれた「福」の文字

古希記念の作品展の際の図録に、自分の書に対する考え方を次のように記している。「書は自分が赤裸々に表れる宿命を持った仕事である。書いている時の苦しさも楽しさも書を一生の仕事として恋している者でなければ理解できない。手本を見て書く模倣の習字。また、言葉を書いて感動のない物ならそれは単なる記録にすぎない。そして、書は、技巧に関係なく、心を書き込む、その時の感動こそが表現の眼であると思う。一作一作に自分らしい魂の、息吹を吹き込みたい」。

死後も生き続ける「金蘭」の筆

今井にとっての海外展は、型にはまり、伝統に縛られている日本とは違い何よりも気楽だった。六六年、アメリカのサンフランシスコ（ルシアンラボー画廊）でのワンマンショーは、長女松原夫佐子夫婦の家に滞在して一か月にわたった。文字の意味も分からない外国人の前では必ず和服姿に白足袋、たすき掛けでデモンストレーションをした。日本人女性の伝統的なふるまいを忘れなかった。珍しい格好で演じる前衛芸術はショーとしても現地の人たちを喜ばせ感動を与えた。

一〇〔メートル〕四方の紙の大きさに圧倒され、西洋の文字にはない、墨書特有の「かすれ」と「滲《にじ》み」に驚きの声をあげた。鑑賞眼の鋭い見物客のなかには字を見ただけで、意味を感じ取ってくれた人もいたという。三〇年にわたる金蘭会の同人でカナダ、メキシコなどの個展に同行した金蘭会同人会長で書家の和田耕道は「じっと見つめ続け、見るに耐えられるものを書く、というのが彼女流でした。また、ピカソ的な創作を尊重した。大勢の外国人の前でなぜ上がらないのか訊いてみた時、私は畑の真ん中でたった一人で書いているつもりでいるんですと言っていた」と懐かしがった。和服に白足袋、たすき掛けは海外展のトレードマークでもあった。

海外展ではこんなエピソードが残っている。八六年、東洋書人連合会が主催するメキシコ展の初日のこと、日本からの作品が届いていないハプニングが起きた。関係者がやきもきし、言葉を荒げて騒ぎ始めた。この時、事務局長として責任者だった今井に「責任者は土下座もんだ」の声が飛んだ。即座に椅子の上に立ちあがると「責任者は私ですが、世の中にはこういう手違いも起こりうるものです」と謝罪することなく興奮する人たちを諭したと言う。

今井の活躍の裏で浦和市内の書道用品の老舗「鵞毛堂《がもうどう》」も無視できない。国内外の展覧会に向け、筆や墨、紙などを供給した。とりわけ、海外展では、実演するための特大の筆と大量の紙、墨汁を必要とした。竹ぼうきのような筆は特注品だった。四代目社長の宮沢忠昭は「書道用品を扱うからには今井先生に弟子入りするよう先代から言われ、門下生として書の基本を習いました。今井先生は自分を殺し、弟子を立てていました。直径が三〇チセン《センチ》もある筆は先代が一か月がかりで作りました。紙はお弟子さんが一〇トルメー《メートル》四方にするため貼り合わせました。墨汁はバケツに入れて使いました。すべての道具を大切にする方でした」と語る。店には今井ゆかりの「金蘭」という筆が初心者用としてヒット商品になっている。

晩年になると書の国、中国への思いを強めていく。埼玉県日中友好協会の副会長として作品展の開催や芸術家の相互交流などで活躍した。七五年には、日中友好協会のメンバーに加わり、体調が悪いのにもかかわらず主治医や家族の反対を押し切って敦煌《とんこう》に飛んだ。「同じ死ぬなら現地で死んだ方がまし」と出かけたのである。世界遺産の千仏洞があり、壁の中から貴重な文書や仏典が見つかっていることに以前から興味を持っていたからだ。帰国後、現代書代表作家展に「熱砂無限」を出展。精力的な活躍ぶりが注目された。親友でパリ在住の画家五月女幸雄が、砂漠に立ち洋服姿で砂丘に箒で書く今井を想像して描いた水彩画を贈っている。

親友の画家、五月女幸雄が今井に贈った水彩画

その後、八二年には日本現代書展に出展、北京に、八七年には上海展に出かけるなど四〇代からの海外訪問は九〇年のオーストラリアを最後に二〇回を超えている。七〇歳を超えると糖尿や肝臓が悪化し、歩行中の骨折も加わり衰弱が進んだ。九五年になると、戸田市内の病院に入院したが八月二〇日、家族に見守られながら亡くなった。故人が尊敬していた福沢諭吉の言葉の通り、「世の中で一番楽しく立派なことは、生涯を貫く仕事を持つこと」とあるように、書一筋に生きた人生であった。

　葬儀は都内の今井家の菩提寺でしめやかに行われた。戒名は「理性院秀道妙筆大姉」。埼玉県庁の元職員で書家の神保きく代は「孟子や孔子、四書五経などの古典を教科書にあげる一方、街頭の看板や各種広告、酒瓶のラベル、映画の題字などをたえず見るよう『目習い』の大切さも教えてくださった。何にでも挑戦し陶芸や一弦琴もたしなみ、白髪をピンクに染め、それが似合っていたのも驚き。お茶目ぶりが素敵でした」とその死を惜しんだ。

没後の一三年一一月、「生誕百年記念今井満里展」が長男の今井澂が会長を務める満里の会主催、金蘭会同人会の後援で埼玉会館で開かれた。会場には、国内外の展覧会に出展された「自然《じねん》」、「透明」、「熱砂無限」などの書や掛け軸、屏風のほか、ベルギーでの現代書展での実演写真など六五点が展示

今井の代表作「自然」

され、多くの人たちが地元で活躍した故人を偲んだ。これらの作品は、散逸を防ぐため今井の四人の子供たちが収蔵している。

今井の死から二三年経った一八年三月、弟子たちの有志で作られた「ひと・ひとの会」の二六回作品展がＪＲ浦和駅そばのギャラリーで開かれた。発足当初、男女二五人いた仲間たちも、故人となったり、施設に入る人も出て年ごとに減った。最終回となった展覧会には最高齢の磯兼寿江（八八）ら

和服にたすき掛けで大作を披露する今井（ベルギーにて）

中国の拓本を清書する今井（自宅にて）

六人が二八点の最新作を披露した。友人が作った川柳や、生前に考えた自分の戒名など、いずれ劣らぬ力作揃い。今井の次女、充子や孫のかおりもかけつけ、四日間に四〇〇人以上が訪れ、盛況だった。幹事役の関口烙子は、「会には始まりがあり、終わりがあるので今回が丁度よい区切りとなり全員が納得しての解散となりました。最終回であっても、書の創作姿勢は変わっておらずその人の作品でした。今井先生の教えが今に生きており、今後も教えを守り続けたいと思います」と語った。

4

太田　博也

（童話作家、社会事業家）

冤罪死刑囚と家族の支援に尽力

太田博也（おおた　ひろや）

一九一七年（大正六）八月二二日～二〇〇四年（平成一六）三月一二日。享年八六歳。

東京都生まれ。小川未明門下の詩人、童話作家として出発。「ポリコもの」と呼ばれる無国籍童話の先駆者として独自の作品を国内外で発表。賀川豊彦に師事し、思想、信教を超え人権保護の「全国刑囚友の会」代表として冤罪死刑囚などの身元引き受けや家族の支援をした。著書は『ドン氏の行列』『風ぐるま』『生きている死者』など多数。

小川未明に師事し、童話作家へ——

劇団の演出家や雑誌の編集者として活躍後、空想とユーモアに富んだ童話を残し、無国籍童話の先駆者と称され、久喜市に根ざして冤罪死刑囚と家族の支援に生涯を尽くした太田の出自は謎めいている。「杉原太郎」の名を使った半自伝的な作品『死のかげの谷』によると、東京の牛込の生まれ。「子供の領分」など、優雅な曲を作ったドビュッシーと同じ八月二二日生まれを自慢する。

太田の学歴は著書にも記されておらず、さだかではないが、母方の祖父の影響が強く、都内の教会で一〇代のうちに洗礼を受け、キリスト教主義的な人類愛に目覚めていく。明治時代、新聞記者、事業家として活躍した岸田吟香の家系で父親も新聞記者だった。幼少期から好奇心が強く、書くことが好きで身辺で起きることや目にすることを詩や短文にした。一九三三年、童話雑誌「お話の木」に発表した作品を読んだ童話界の重鎮　小川未明から「絢爛《けんらん》豪華にして深沈」と激賞される。戦前の童話の世界にわずか一六歳で彗星のごとく現れ、社会の矛盾などを素材にした風刺童話を書いて世間を驚かしたのである。

二〇歳の頃、北原白秋からの異例な推挙があって、雑誌「日本の子供」「芸苑」の編集にも携わった。小川未明の指導や助言を受けながら本格的に童話作家を目指した。誰もが書くテーマから外れ、不変の人間性と人間愛をしつこく追求した。思想的には、説教を聞いて感動した宗教家で社会事業家だった賀川豊彦の影響を受けていた。『名前のなくなる時』『意地悪な顔』『にせ者さようなら』『白い羽の記』『誰が一番びっくり屋』などタイトルにも工夫をこらした作品を次々に発表。ユーモアや風刺を通して日常生活や社会の矛盾などを分かりやすい言葉で描いた。童話は子供ばかりではなく、大人をも対象に創作し、作品は人生に対する暗示が含まれた寓話でなければならないとの自説を貫く。作品は無国籍童話と呼ばれ、宮沢賢治と同列に評価されるほどになっていた。早くから英訳、仏訳もされ海外でも反響を呼ぶ。三〇歳の頃だ。

一方、ジャーナリストへのあこがれも強く、戦時中は神田と銀座の出版社で編集者として活躍。都内の主要大学の教科書や学術書、さらには風俗作家の小説本まで硬軟五〇〇冊を世に送り出す。並外れた企画力と編集作業の手際の良さは岩波書店主の岩波茂雄からも評価され、出版編集者としての将来を嘱望されていたのだった。

作家活動のまま秘密結社を作り弱者救済

戦時色が強まると、出版社に見切りをつけ、童話を書きながら突然、神田・神保町に「壱人社《いちにんしゃ》」という名の秘密結社を作った。大学生や童話ファンなどが集まってきたが、「われら最後の日まで命を大切にしよう」を合言葉に主として、特攻隊を志願する若者たちに命の大切さを訴え、志願を思いとどまらせた。こうした動きとともに、一九四一年の太平洋戦争の開戦の年の七月に刊行された寓話集

「ドン氏の行列」が反戦思想の書として当局にマークされ、検閲や取り調べを受けることになる。キリスト教は世を惑わせ、日本の教育を害する神秘主義の教えとして当局から圧迫され始めていた。信者はユダヤ財閥の第五列（スパイ）として扱われ、天皇への反逆ともみなされていたのである。

こんな時、尊敬する賀川豊彦から「今の日本には君の童話が必要なのだ。誰ひとり読む者が無かろうと、どのような非難や圧迫があろうと、君の肉体の行動だけではなく、君のペンによる童話も行動し続けてゆかねばならない」との激励を受け、寝る間も惜しんで執筆活動にあたる。そして完成したのが一六の童話を集めた名作『ドン氏の行列』だった。『ドン氏の行列』は次のプロローグ（序詞）から始まる。

ドン氏は　ドン氏が　だいすきで　いつでもドン氏についている
ドン氏は　ドン氏が　ねてからも　きれいなオペラをみせてやる

ドン氏は自分というものについて深い疑いを持っていました。なぜ自分は自分なのかというような極めて簡単な問題ですら、考えれば考えるほどむずかしくなり、ついには何が何だかわからなくなってしまいます。自分が生まれる前の自分はどこにいたのか？　どういう理由があって、自分が人間の一人としてこの地球に呼吸しているのか？　もしこの世界に自分がいなかったら、ほんとうの自分は今どこで何をしているのか？　またそれから……、そんな風に考え始めるとドン氏の疑いは際限もなくひろがり、疑いの矢はますます鋭く尖ってドン氏の胸を刺します。

本は都内の文昭社から一円五〇銭で発売された。今読んでみると、どこにも問題があるとは思えないのに、当時は危険な思想本として扱われていたのだった。しかし、自由主義的な私立校の教科書になり、神学校では説教の教材として使われ、政財界にも多くの読者を持っていた。太田は当時、埼玉県の菖蒲町に別荘をかねた仕事場を持ち、創作活動をしていたのだった。しかし、太平洋戦争の勃発とともに、当局から執筆を禁じられた。万が一の検挙を逃れるため、転々と居所を変えた。懇意にしていた精神科医の式場隆三郎博士から精神病患者としての診断書をもらっていた。当局が、狂人を捕えないことを逆手にとっていたのだった。

成人後の太田は、賀川豊彦ら尊敬する三人の師が推賞した聖句入りの三冊の聖書を身辺から手離さなかった。三つの聖句ともジャーナリスト、教育理論家、童話作家として役立てていた。ところが、東京大空襲で避難する際、入れておいたトランクが米軍機の機銃掃射と、その後に落とされた小型爆弾のため跡形なく吹き飛ばされた。三冊の聖書が自分を助けてくれ、以来、自分を追いかけてくる憲兵はいなくなったという。

一面が焼け野原となった戦後の東京で太田は、失職し行き場のないホームレスや戦災孤児、障害者らが困っている姿を放置できなかった。同志を集め、私財をなげうって簡易住宅を建て、食糧を集めるため奔走した。キリスト教ばかりでなく、仏教各派とも交流し、共に困窮者を救済した。そうして、宗教各派の融和を天職とした。時には、生活に困り社会復帰を目指している元ヤクザの身元引受人にもなり、職場を見つけてあげた。仕事が軌道に乗ると、草むしたお堂にこもり、誰とも会わず、無用とされているものが大事な用事となる「無用の用」のみを尊んだ。太田独自の経典、「壱人頌《いちにんしょう》」には「こ

太田の代表的な作品

の世に改革なるときは、一人の人のうちにのみ。この世に悪しき一人なく、悪しとあやまつひとりのみ。苦しと言うも人の身は愛くるしさの極みなれ」とある。この言葉を大切にしていた。著名な童話作家のあまりの様変わりぶりに、日本三仙人の一人と話題にする新聞まであった。

戦後、世の中が落ち着くと東宝系の劇団で演出を担当。ＮＨＫの前身、ＪＯＡＫでは、童話『ポリコの町』の台本を書いた。小気味よい調子で始まる一部を紹介すると—

むかし、ポリコと言う町に、ポルケ・ポットと言う名前のすぐれた男が住んでいた。ポットはポリンヌと言う名前の優しい妻と暮らしていた。ポルケ・ポットは、仕立て屋でポルケ・ポリンヌは裁縫屋。そういう風にはっきりと、二人を分けても言えるけど、お仕立てするのが裁縫で、裁縫するのが、お仕立てで、どちらがどちらとも言えぬ、ポット、ポリンヌ二人なら、二人が一つの組み合わせ。似合いの夫婦の一つ店。ポリコの町でも有名な、腕の確かな洋服屋。ごらんよ、ポットが金文字で自分の書いた看板をポリコの町でも一番のポルケ・ポット洋服店

……………。

こいつだ　こいつだ　こいつらだ　おっちょこちょいのふりをして　ダランの都を騒がすやつ　ランダラン通りの交通違反だ　もう一つおまけに、風俗破壊だ　こいつだ　こいつだ　こいつらだ　まじめや気違いのふりをして　ダランの人たちをそそのかし　みんなの着物へ恐るべき　秘密の隠し場をつくるやつ　こいつだ　こいつだ　こいつらだ　スパイだ危険なてんぷ

く者だ

私財で冤罪死刑囚や家族を支援

戦前、戦後を通じ千を超す童話を発表してきた太田は五五年、発刊した名作『風ぐるま』のあたりから創作活動をひかえ始めた。四〇代になっており、東京・荒川区の養護学校の教師だった一二歳年下の幹子を伴侶に迎えていた。幹子は障害者教育の最前線で活躍し、『だれがこの子を責められる。心配な子を持つ親へ』の著書を出しており、太田の考えと共通点があり、意気投合した。二人に子供はなく、退職後は夫に尽くし活動を支えた。

七〇年代に入ると、安住の地を東京から埼玉県久喜市の閑静な住宅地に移し、冤罪死刑囚とその家族の支援に乗り出した。人権派の弁護士や死刑に反対する学者、文化人、市民を中心に「全国刑囚友の会」（事務局・東京港区高輪）を結成し、代表となった。この世に本質的な非行児や悪人は一人もいないことを前提に、殺人を含む全国の受刑者の九〇％以上が幼少期に家庭から放置された「情緒障害児」だったという統計を根拠に、庶民の悲運の象徴であり、人間社会からの亡命者とみて救済することにしたのである。

戦前戦後を通じ、警察の不当な捜査や拷問による自白の強要などが原因につながる冤罪死刑囚には黙っていられなかった。著書の印税など夫婦の財産を投入し、自ら全国の刑務所を回り、一貫して冤罪を主張し再審請求をしている死刑囚のいる刑務所を重視し、衣類や食べ物を差し入れ、悩みを聞いた。一方、死刑囚の家族の救援にもあたり、生活費の支援や無縁仏となった死刑囚の遺骨の受け取りにもあたった。自宅を訪ねてくる家族も多く、太田はお茶をふるまい、幹子は、手料理で迎えた。支援した死刑囚は一五〇人を上回っていた。

とりわけ太田が心をいため、真剣に対応していたのが、終戦後の四八年、東京の豊島区で起きた銀行員ら一二人が毒殺された帝銀事件の犯人として死刑が確定、宮城刑務所で無実を訴え続けていた元画家の平沢貞通（八七年、府中医療刑務所内で病死、九五歳）だった。会の活動は多忙をきわめていた。六六年には、活動の成果を『生きている死者―死刑囚は訴える』として出版した。五〇歳になっていた。

筆者が太田に会ったのは、八一年九月で、久喜市の自宅を訪問し、童話作家の仕事と死刑囚の支援について聞いたのだった。六五歳の働き盛りで、座布団に正座した姿は小柄ながら姿勢が良く、世の中の何事をも知りつくした修行僧のようで眼光の鋭さが印象に残っている。自作の童話についての考えは「明日の世界を招き寄せる役目を持つ。だから、子供だけでなく、大人にも読ませたい。私の作品はすべて文明批判。ペンだけでなく、体全体で遺書のつもりで書いているのです」と語気を強めた。

なぜ、一〇〇〇を超す作品がありながら、全集がないのかを問うと、「作品づくりは卓上での仮の仕事だと思っている。全集は私が考えることではない」と言い切った。冤罪死刑囚と家族の支援につ

「いけにえ」

帝銀事件の平沢貞通被告から太田に送られて来た手紙

いては、「これまで一四四人の全死刑囚に会ってきた。彼らの連帯保証人であり、身元保証人であり、遺骨の受領者でもある。一種の道楽ですが、この仕事は命がけ。自分を追い込むことで、相手と一緒に報われるのです」には、まるで慈父のような優しさと宗教家の人間愛を感じるのだった。

別れ際に、大切にしていたという当局から問題視された『ドン氏の行列』初版本の印刷前のゲラを見せてくれた。至る所に「当局から削除されぬためいい加減に埋め合わせる」「当局の不穏当の故を持って改題する」「当局の指示により代表作の削除残念」「強権的削除を逃れ、やっとの作品が「ドン氏」である」などの鉛筆の書き込みがあった。後書きの後には、「ふくろうの啼《な》く牛込の邸、隣家は入江侍従長邸、前の家は吉屋信子。度々、勅使河原蒼風なる花の師匠きたる」などの書き込みがあった。そして、「最近、神田の古書店で偶然、ドン氏を見つけ三万円で買いましたよ。今読めばなんでもないのに、当時は危険人物扱いされていたものです」と言って笑った。

太田とはその後、平沢死刑囚や死刑制度について話を聞くため三、四回、会った。回数を重ねるごとに、国が国民を殺す死刑制度に対する怒りを強めるのだった。

帝銀事件の平沢被告の釈放に全力投球

最愛の妻とともに私財を投入し、人生最後の仕事として命をかけた冤罪死刑囚の支援のなかで、帝銀事件の犯人として八七年、九五歳で獄中死した平沢貞通への交際は三六年間に及んだ。死刑囚を超越し、二人は師弟のような関係で強く結ばれていた。平沢は、少年時代に、多くの芸術家を輩出、歴史のある美術展として知られる二科展に入賞、帝国美術院無鑑査の大家として画壇では名が通っていた。とりわけ、天才テンペラ画家としても知られていた。平沢の人格を信頼し、警察の誤認逮捕を見抜き、刑務所に収監されてからも、誰よりも先に歴代の首相や法務大臣に冤罪を主張し、早期釈放を呼びかけてきた。太田には怖いものはなにもなかった。

何回も面会を重ねるうち、心が打ち解けあい全死刑囚のなかで別格と気づき、人格識見ともに高僧のように思えるようになり、会うたびに心が清められた。面会のたびに食品と画材用品を差し入れた。

獄中画家として刑務所内に専用のアトリエが特別に設けられていた。二五歳年長の平沢は感謝の気持ちを込め、得意の絵に手紙を添えて太田の自宅に送るのが恒例になっていた。自宅には「光彩」の雅号入りの平沢の絵が手紙とともに大量に残された。

恩赦や再審面で支援してきた「平沢を救う会」が活動資金を集めるため平沢の絵の展覧会を開いてきた。しかし、太田にお礼として送られてくる絵は太田にだけ与えられた貴重な作品ばかりだった。その絵が八二年秋に送られてきた紅蓮《ぐれん》の炎を噴き上げ、大噴火する富士山の作品を最後にピタリと届かなくなる。救う会の会長だった赤松勇元衆院議員や森川哲郎事務局長ら幹部の死が精神的にこたえたらしく、太田が最後に会った時には体重が三六キロ、流動食と栄養剤で余命を保っている状態だった。その後、呼吸器障害で肺炎になった平沢は宮城刑務所から八王子医療刑務所に移送され、面会謝絶になったのである。富士山大噴火の絵は平沢の最後の怒りと理解した太田は、事件から三五年経った八三年、決意する。帝銀事件は風化し、知らない世代が多いなかで獄中生活の長さに加え九一歳になる老死刑囚を手紙で励まし、恩赦につなごうと全国に訴えたのだった。

それから五年後、平沢は亡くなった。逮捕から三九年間、歴代の法務大臣は誰一人死刑執行のハンコをつかぬまま、確定死刑囚の収監期間の世界記録となった。帝銀事件の真相について太田は著書『黒い野原の赤い幻』で逮捕された平沢にはアリバイがあり、警視庁は容疑者として追っている途中、自殺した731石井細菌部隊の復員兵を真犯人としてGHQ（連合国総司令部）に報告したところ、激怒され、平沢をもって事件を収束させるとの結論に至った。その理由は、真犯人を世に公表すれば、

平沢貞通被告から太田に送られた最後の絵

日本の恥。アメリカの細菌毒物部隊の存在が世界に明らかになるというものだったと記している。つまり太田の言葉を借りると、「テンペラ画の天才を世の生贄《いけにえ》、日本とアメリカの人柱として仮の死刑囚として獄中に幽閉し、老いの身を世へ捧げることにした」という。また、歴代法相にあっては「未処刑を約束し合ってきた」と言い切る。そして、激しい取り調べに当たった検事たちに向けた平沢は次の苦言を残していた。「人間の一生は宇宙時間から比べたら、一秒の何億分の一にすぎませんよ。どうぞ、その短い一刻の人生を天地に恥じない清らかさで生きてください」と。

孤独な晩年、妻は施設、自宅は空き家に

余生を妻とともに冤罪死刑囚や家族の支援に尽力してきた太田は、人間的にも尊敬の念を持って支援してきた帝銀事件の平沢が釈放を待たず獄死したことを自分の責任のように感じた。虚脱感から体調を崩すことも多くなったが、「全国刑囚友の会」の活動の手を緩めなかった。

ある日、義父をけんかの末に殺し、懲役一九年の判決を受けたが刑務所では模範囚として一五年で仮出所した男性が、母親とともに久喜市内の自宅を訪ねてきた。幹子とともにもてなし、出所後に男性が仏門に入ることを喜び、励ました。「普通なら酒をふるまうところだが、仮の身だから、無賃乗車やけんか、盗みなどささいな犯罪をしてはいけないよ」と忠告も忘れなかった。刑務所回りは減ったが、全国各地から訪ねてくる死刑囚家族との相談相手は日常業務そのものだった。

近所の人たちは夫妻が教育者だと思っていた。買い物に出かけ、隣近所とも仲良く接し、社交的な幹子に対し、地元との縁がほとんどなかった博也については、あまり知られていなかった。「偏屈な老人」とみていた人もいた。どちらかというと、都心を中心の仕事が多かったこともあり、埼玉県内

でも文学を通じての関わりを持たなかった。雑誌や新聞などに日本の死刑制度や死刑囚と家族の置かれている立場を執筆することはあったが、童話は書かなくなっていた。八三年、「日本キリスト教児童文学全集」に自作の名作『ポリコの町』（全三七章）が収録されたことを喜んだ。八〇歳を超える

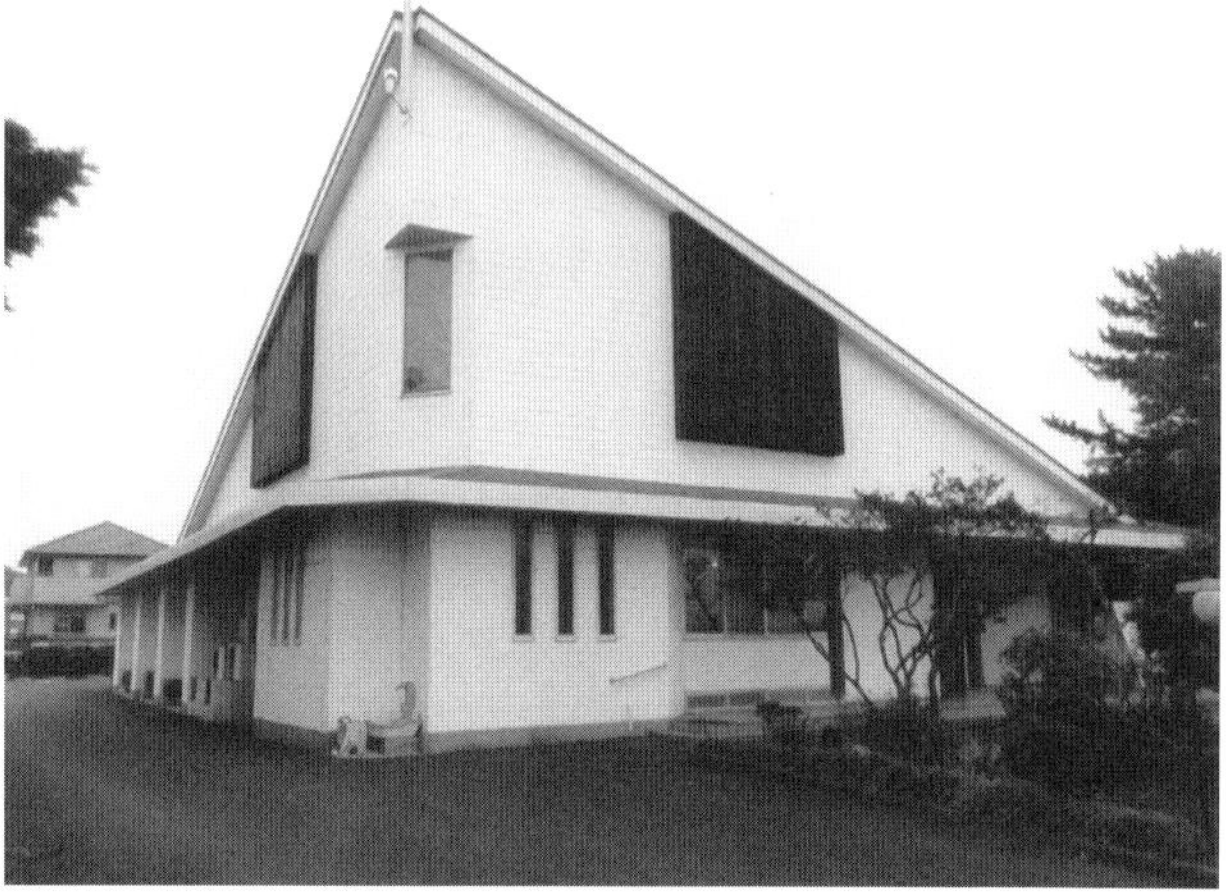

太田夫婦が通っていた幸手キリスト協会

太田が筆者に書いてくれた色紙

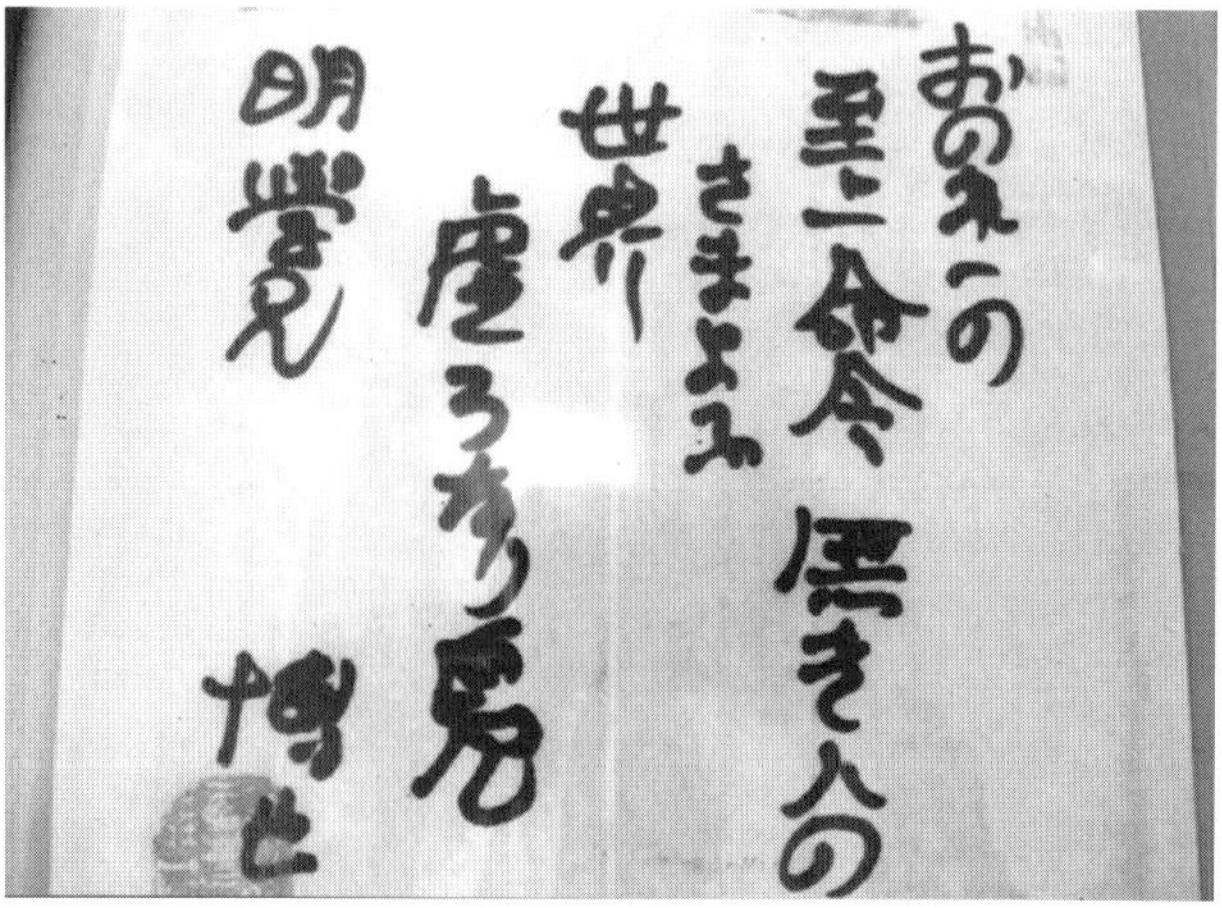

と体力の衰えは深刻になり、それとともに活動の第一線から退いた。脳に異常が見つかり、白岡市の病院で手術を受けた。その後、元気になり、幹子とともに「国が死刑囚を殺す死刑制度があるのは、先進国のなかでアメリカと日本ぐらいだ。我々が生きている時代に死刑は廃止されるだろうか」と心配していた。二〇〇四年三月になると、風邪をこじらせ呼吸が苦しくなり、病院に入院するが、一二日の正午過ぎ、夫人に見守られ肺炎のため、八六歳の生涯を閉じた。夫妻が通っていた幸手キリスト教会の葬儀には、地元町内会の幹部や教会員のほか、故人とともに、冤罪死刑囚たちの支援をしてきた仲間や全国各地から元死刑囚の家族らが多数かけつけ、故人の死を悼んだ。

葬儀を仕切った田沼和幸牧師は「ご夫妻とも多忙な方だけに、時々、礼拝に見えましたが、いつも最前列におられた。著書を献本していただき、著名な童話作家であることを知りました。博識な方なのに少しも偉ぶらず、余生は人のやらないことをご夫妻でやっていたことに頭がさがります」と語っている。キリスト教徒だったため戒名はなく、春日部市内の霊園内の墓地に眠っている。

太田の没後、自宅に残された膨大な冤罪死刑囚を中心とした死刑囚との活動記録や平沢貞通が送ってきた貴重な絵や手紙類、未発表とみられる原稿類などは、妻の幹子が管理し、整理していた。ところが、数年前、自宅の近くで転倒し、骨折したことがきっかけで施設に入院した。高齢化に伴う痴呆も進み、さいたま市内の老人介護施設に入所したままで、二階建ての自宅が空き家になっている。太田夫妻には子供がおらず、幹子の面会は身内以外にさせていないので、博也の実妹と幹子の義妹が交代で見舞いに訪れている。博也の自宅の管理は親族が交代でしているが、幹子の状態が思わしくないこともあり、今後自宅や収蔵品の扱いをどうするかについては分かっていない。太田の死から一四年。社会的な活動として帝銀事件の平沢被告を中心に、冤罪死刑囚の支援を献身的にしていたことも含め、残された貴重な資料をどうするかなど問題が残されている。

5 金澤　輝男（政党職員、釣り評論家）

元祖、釣りキャスター

金澤輝男（かなざわ　てるお）

一九二四年（大正一三）一月五日～一九八八年（昭和六三）八月二八日。享年六四歳。

浦和市生まれ。東京高等農林（東京農工大）卒。日本鳩レース協会理事を経て六九年から自民党埼玉県連事務局長。釣りに対する造詣が深く、テレビ埼玉の開局から週末の「釣りだより」キャスターを五〇〇回務め人気番組にした。釣り評論家としても新聞各紙に釣りの魅力を執筆、埼玉県内水面漁場管理委員会の会長代理も務めた。著書に『埼玉のつり場一〇〇選』など。

由緒ある家系に生まれ、育つ

浦和で生まれ育ち、浦和で人生を閉じた金澤は、幼少期から父親の指導で釣りの面白さや仕掛けの楽しさを覚えたことが生涯の仕事となり、埼玉テレビの開局以来、釣りキャスター、釣り評論家として活躍、視聴率をあげた。本職の自民党埼玉県連事務局長として辣腕《らつわん》をふるい、二足のわらじを貫く異色の存在だった。とりわけ、「海なし県」の埼玉で魚のいる川や湖沼を含め奥秩父の渓流までくまなく巡り、釣り方の指導から魅力までをテレビ、ラジオと同時に新聞雑誌でも発信し、釣り人口を増やし、県の水産行政にも貢献した。

金澤家は三〇〇年前の享保年間から続く東国武将に由来する家系。初代の伊兵衛以来、代々、家紋の「尻合わせ三つ蔦《つた》」を守り続ける。三代頓兵衛が前橋藩主だったが、五代義則から江戸勤務になる。一九一九年(大正八)、渋沢栄一の門下生で、武州銀行支配人だった六代目の弘から、浦和に居住する。男ばかり四人兄弟の四男として何不自由なく育つ。下の二人が浦和で生まれた。

実家は地元の住民にも親しまれていた別所沼にも近かった。七歳になると、父親から釣りに連れ出された。今でこそ、市民の釣り場としてにぎわっているが、当時の別所沼はコイの養殖場で釣りは禁止されていた。そのため、近くの用水や川に歩いて出かけ、竿の使い方やエサの付け方などの手ほどきを受けた。時には、江戸前のハゼを釣りに東京湾に連れていかれた。末っ子だったので可愛がられ、いつも連れ出された。回数を重ねるごとに、使う竿や針、浮き、餌などに興味を持つ。埼玉女子師範附属小時代は志木市の荒川に出かけ、魚種によって竿や針と糸、餌、浮きなどの道具や釣り方の違いが面白くなる。中学、高校に進むと荒川や元荒川の上流など遠方まで一人で出かけ、釣りの奥深さや醍醐味に引き寄せられていくのだった。

大学は東京高等農林（東京農工大）に入学した。子供の頃から動物や植物の図鑑を見て魚や鳥に興味を持ち、釣りを続ける一方で伝書鳩の帰巣本能に興味を持ち、自宅の小屋で二〇〇羽のハトを飼育した。学生の身分で鳩レースにも参加し、青森―東京間レースで入賞もした。戦時中、陸軍が使っていた伝書鳩に関心を強めていく。卒業後は、迷わず郵政省の外郭団体、日本鳩レース協会に就職。在職中に「レース鳩の遺伝」「終戦当時の名鳩秘話」「日本鳩の系統」などの研究成果を発表している。これまでの間も趣味の釣りは継続しており、県内の釣り場めぐりを増やしていくのだった。

その後、日本鳩レース協会専務理事を辞め、青年学校の教師として教壇に立った。

結婚後は幼少の息子に釣りを指南

二八歳の時、教師時代の教え子だった三歳下の八重子と結婚。金澤の下駄箱にラブレターが入れられていたのがきっかけ。恋愛結婚だった。教師生活は長く続かず、友人からの強い要請で葬祭関連の会社の事務部門を引き受けた。仕事も趣味の釣りも順調で、男子ばかり三人の子供にも恵まれた。次男の光が三歳になった時、自分が父親から指導を受けたより早く近くの池や川に連れ出し、釣りあげた魚の名前を覚えさせた。とりわけ、魚に強い関心を示す光を可愛がった。小学生になると、上野駅深夜発の「銀鱗号」で千葉の水郷へフナ釣りに連れ出し、明け方の佐原駅から釣り場まで歩かせ、釣りだけではなく、深夜と夜明け前の空の美しさも体験させた。以後、埼玉県内に絞って大小河川や湖沼と用水を親子で釣り歩いた。金澤は克明に記録していた釣りノートを生かし、釣り専門誌に寄稿し、埼玉新聞では五三年以来、毎週「埼玉の釣り」欄を担当。全国紙の埼玉版にも連載を持ち、ＮＨＫ埼玉ＦＭ放送にも出演、釣り評論家としても知られるようになっていた。独自の釣りノートはみるみる増えていく。

六九年、思わぬ転機が訪れる。金澤の人脈の広さや親分肌の人間性と力量が埼玉出身で自民党の実力者だった福永健司に買われ、党県連事務局長に就任したのだ。まるで想定しなかった政治への大転身だった。本人は尊敬する福永のためにもと、たじろぐことなく、党のために尽くした。埼玉県庁と目と鼻の先にある県連ビルでは、二〇人近い職員たちと県内出身の自民党国会議員と県議会議員たちの面倒をみた。党本部からの支給金だけでは青年部や婦人部、県民運動本部などの独自活動には資金不足だった。そのため、幅広い人脈を生かし、地元の大正製薬などを回って寄付金を集める一方、アイデアを生かし、婦人部に全国初の「結婚相談所」を開設するなど手腕を発揮した。

アルバイトの大学生や主婦を大切にし、職場を改革し党県連の顔になっていく。県知事選挙をめぐり内紛が起きた際は、党を一体化した功績で、妻の八重子は党の機関紙の配達や集金、宣伝カーの運転など党務への貢献で党総裁優秀賞をオシドリ受賞。結党以来、前例のない快挙として党の機関紙でも取り上げられた。職員が残業すると、大量のおむすびなどの食材を差し入れするなど、八重子の存在は大きく、夫を支え続けた。

テレビの開局と同時に釣りキャスターに

七九年四月、テレビ埼玉が開局した。テレビに「釣り番組が必要」と、自ら局に提案。旅行会社や地元の釣り餌会社として知られる「マルキュー」などをスポンサーに実現したのが、毎週金曜、祝日の夜八時から一〇分間（再放送は日曜夜九時）、放映される「釣りだより」であり、この番組に開局と同時に、「釣りキャスター」として起用されたのである。全国の民放テレビに釣り番組はなく、「元祖釣りキャスター」としても注目された。番組そのものが民放釣り番組のパイオニアであった。県内のあらゆる釣り場で釣りをしてきたことに加え、釣りに関する評論や季節の釣りだよりを埼玉新聞や釣り専門紙に執筆していたことが強みだった。

ところが、初期の番組づくりには苦闘する。テレビ局側は夜遅い釣り番組が見てもらえるのか心配の声が強かった。引き下がれなくなった金澤は、妻の八重子に車を運転させ、季節に応じ、自ら選んだ県内の釣り場に出かけた。父親の影響を受け淡水魚に関心を持ち、県水産試験場の技師となっ

テレビ埼玉「釣りだより」の現場ロケスタッフ（中央が金澤）

ていた次男の光がボランティアとして助手役をした。コンビニがない時代とあって、妻がおにぎりと自家製の糠漬けを現地で合流する局のスタッフにふるまった。釣り場の現地ロケにはディレクターと専属の女性アナが同行した。女性にも釣りに興味を持ってもらおうとの狙いからだ。番組が軌道に乗るまで、スタッフを自宅に招き、会食をしながら番組の作戦を練った。徐々にスタジオでの解説と現地ロケの味が出てきた。何よりも釣り場の臨場感が視聴者にとっての魅力であり、釣り人も番組に参加できるという効果もあった。

県内の釣り人口は五〇万人を超えており、県の水産行政は釣り人を無視できない状況になっていた。こんな時、県内水面漁場管理委員会委員であり、釣り評論家であることも釣りキャスターにうってつけだった。埼玉県内の河川事情をみてみると、一級河川が一六一本、市町村が管理する河川が一九五本、農業用水路の総延長は一万キロもあり、そのほとんどで釣りができる。首都圏を代表する「河川県」であり、多い魚種としてフナ、コイ、オイカワ、天然遡上のアユ、ナマズ、タナゴ類が多いのも特徴だ。

最大の魅力スポットとして入間川のヤマベ釣りは魚影（水中を泳ぐ魚の姿）が濃いこともあって、各地から釣り好きがやってくる。荒川と元荒川はヘラブナ釣りでも知られている。海由来のマハゼからイワナまで釣りの対象魚は多く、県内の魚族は外来種を含め、二二科、七一種に及んでいることなど釣り人には魅力があることだ。

テレビ番組でのイワナやヤマメの渓流釣りの場合、三月一日の解禁日は前日に放流された魚を狙い、関東各地から大勢の太公望が押し寄せてきた。ロケ取材では、秩父市の荒川源流まで、三時間近くかかるため、日の出解禁の取材はあきらめ、渓流の釣り人のインタビューを録音した。釣り人へのインタビューは、釣り人と同じ格好をした金澤が釣りの合間にマイクを持って各地からやってきた釣り人に釣果や釣りの魅力などを聞いた。釣り人が釣り人と同じ姿でインタビューする姿が視聴者に好感を持たれた。

開設当初は一人のプロデューサーがカメラと通称デンスケ（携帯用手テープデッキ）を使い、川の流れる音や小鳥のさえずりを記録し番組に生かした。奥秩父の険しい渓流で天然のイワナとヤマメを釣るロケでは、前日に近くの民宿に泊まり、早朝から荒川の源流に入った。かなりの重装備で釣りながら上流を目指した。常にぶっつけ本番。スタッフの足音や影で魚たちが逃げてしまうため細心の注意を払った。苦労して釣りあげた天然もののアユやヤマメの姿を養殖ものと比較して視聴者に見せる工夫もした。ビデオカメラの普及でカメラの映像と音声が同時に記録されるようになると取材の効率が一気に上がった。

ある年には、険しい渓流で天然イワナが数匹泳ぐ姿が撮影できたが、担当者が急流に足をとられ、

釣り人の姿で釣り人にインタビューする金澤（左）

カメラを水没させてしまう事故も起きた。映像がないため、金澤が渓流釣りのスリルや難しさ、楽しさをスタジオで解説して乗り切った。二年も経つと、番組はスタジオと現地での水を得た解説やユーモアを交えた釣り場からの報告でみるみる視聴率が急上昇。人気番組の上位に食い込んだ。登場する釣り場は金澤まかせで、番組に台本はなく、スタジオと現地からの報告もアドリブだったことが人気の持続につながった。「釣りのおじさんへ」と子供からもファンレターや質問が寄せられると、局側はスタッフを強化し四人にした。週の大半は、自民党県連の、日曜と祝日はテレビの顔として知名度をあげていく。

出演料返しに裏方ら七〇人を慰労

四年後の五八年一月、高視聴率のまま二〇〇回も続いたことを喜んだ金澤は、香典返しならぬ「出演料返し」を思いつく。浦和市内の中華料理店に番組の担当者や裏方さん、各地でお世話になった漁協幹部や釣具店主、スポンサーら七〇人を自費で招待し「キャスターパーティー」を主催。マイク片手に参会者にインタビューした。

会場は釣りの話を中心に夜遅くまで盛り上がった。この様子は「二〇〇回記念番組」として放映され話題を集めた。番組は県内の釣り人口を高める効果をもたらし、かけつけた畑和《はたやわら》知事も金澤夫妻を激励し、感謝状を贈呈。最強の釣りキャスターとして実績をあげていくのだった。

筆者が金澤に会ったのは、人気絶頂の八三年一月のこと。当時、六〇歳で、自民党県連ビルの事務局長室で太い縁の眼鏡をかけ、大柄でごつい顔がタバコをくゆらせていた。政治の話ではなく、釣りキャスターの話を聞きたいと伝えると急に笑顔に。低く太い声が印象的で服装にすきがなかった。「公

「釣りだより」の200回突破を記念し、自ら開いた「キャスターパーティー」で畑知事から祝福を受ける金澤夫婦（左）

認だ、推薦だと生臭い政治の世界から、週一回は完全に逃避したかった。釣り競争や漁師のマネごとは大嫌い。あくまで個人の趣味であり、レクリエーションです」とキャスターを続けている理由を語った。釣りの魅力については、「春夏秋冬それぞれの魚の習性を知ることが大切。天候、気温、水温、風向、気圧などが釣果につながる。その日に始めた人にも大物を釣れるチャンスがあるのです」と釣りの面白さを強調した。意外だったのは、テレビ出演して二年目に過労もあって心筋梗塞でダウン。やむなく息子の光にキャスターの代役を頼んだと言い、以来、ポケットに治療薬のニトログリセリンをしのばせていることを告白した事だった。

県内水面漁場管理委員や日本釣振興会埼玉県支部長として「埼玉にすむ魚たち展」を各地で開き、コイ、フナ、ナマズ、ライギョ、ソウギョ、ブラックバスなどを水槽に入れて見せPRに努めた。釣り場の写真展や魚の勉強会も開催。釣り人を主人公にした映画「つり人の詩《うた》」を制作、上映する一方、新魚種としてペペレイの放流をするなど、釣り人口を増やす面でも活躍した。釣り仲間の友人には、川に魚を増やす一方、川海苔の栽培も進めるべきだと語っていた。そして、釣り人の立場から国や県に対し、「河川漁業が見過ごされているため、釣り場が増えても魚が少なすぎる」との批判も忘れなかった。四年間に二〇〇回の番組で紹介した県内の釣り場は六〇河川、一五〇カ所を超え、紹介した魚種も一〇数種に及んでいたのである。金澤自身、四季の釣りの魅力を郷土誌に次のように記している。

〈春釣り〉深場や大川で越冬していたコイ科の魚たちが節分を迎えると、巣ごもりから一日一日と回遊の範囲を広げる。この季節には糸ミミズ、赤虫などやわらかいエサで釣る。三月下旬から四月初旬，浅場や小川まで乗っ込んできたマブナが卵をはたく。産卵である。コイの産卵は四、五月。このように釣りのシーズンとは、難しく考えることなどありません。その魚の習性と食欲を考えればよいことで、乗っ込み期などは、来るべき産卵のために何でもパクパク食べるものです。フナは、県内全河川。コイは、荒川、入間川，越辺川、元荒川、荒川。三月一日、イワナ、マス類解禁。ハヤは、三月までは荒川などで大型になる。

〈夏釣り〉鯉のぼりが中空を泳ぐ頃始まります。コイ、フナは産卵後で一服状況。ヤマベは七、八月と下流域、東部方面でも盛況。末田樋管、一六間堰など。アユの解禁は六月中、下旬。いずれも放流もの。荒川は秩父武の鼻釣り専用区。玉淀ダム下流。入間川飯能上流。高麗川網漁。越辺川など。ナマズ，コイの夜釣り、荒川、元荒川など。

〈秋釣り〉東部方面各用水路の小ブナ釣り。ハヤ、ヤマベ釣りは最盛期へ。荒川、越辺川、入間川、高麗川の落ちアユ、コロガシ釣りは利根川刀水橋。坂東大橋上流。九月末までマス類禁漁。東部中川のコイ釣り盛況。県北福川も良い。

〈冬釣り〉寒バヤは荒川玉淀ダム上流から秩父市内まで。宮沢湖、円良田湖などワカサギ釣り始まる。ヘラは春夏秋を通じて楽しめるほか、新顔のブラックバスも神流湖では繁殖中です。その他、ペヘレイ、ラッドなど新魚種も登場する予定。

解説は要点を押さえており、分かりやすい。

二足のわらじを貫き、惜しまれて死去

持病を抱えながらも、自民党県連事務局長とテレビの釣りキャスター生活は以前と同じように続く。本業も趣味も快調で、テレビの現地インタビューでは生き生きとしており、アドリブも冴え、相変わらず釣り場では元気いっぱい、竿をふるった。余暇には、頼まれて平凡社の世界百科事典の淡水魚部門の執筆も担当していた。八八年七月中旬、いつも通り県連事務局長として執務中、体調不良を訴え、日赤大宮病院に入院した。血糖値が急激に上がり、肺機能も落ち、呼吸の苦しさも訴えていた。過労がたたり、頑健に見えた大柄の体も弱っていた。

体調が好転した八月二八日、県連事務局の女性職員から頼まれていた結婚式に出るため病院から一時許可を取り、八重子と川口市内の結婚式場に向かった。一〇分ほどの祝辞を終えた後、急に呼吸困難になった。別室に運ばれる間も式は続き、金澤は八重子とともに救急車で近くの蕨市内の病院に運ばれた。主治医のいる日赤病院に運ばれなかったのは、一刻を争うほど病状が悪化していたからだ。病院では、あらゆる措置が取られたが同日夕、心不全のため亡くなった。病室には身内が集まっていたが、次男の光だけがいなかった。父に代わりテレビ埼玉の番組に出演するため遠方の釣り場でロケをしていたのだった。病状が順調なら九月三日が退院予定日だったたという。金澤は七七年、長年にわたる釣りに対する功績から第三〇回埼玉文化賞（社会文化部門）を受賞していた。

現職のままの突然の死は交友範囲の広い人だっただけに、多くの関係者に衝撃を与えた。テレビの

出演回数は五〇〇回に達していた。葬儀は自民党県連、テレビ埼玉の関係者、政財界などから多数が集まり突然の死を悼んだ。告別式では、故人の遺言により浜田卓二郎代議士が葬儀委員長を務めた。浜田は「自らの命をすり減らし、生前、知事選必勝のため事務方として手筈を尽くすなど努力してく

県知事賞などに囲まれた金澤（自宅にて）

ださった」とねぎらい、県連会長の小宮山重四郎は「組織もなく厳しい時期に、しっかりした組織作りをしてくれた」と功績を讃えた。

テレビの人気番組も主役を失い、番組表から消えた。一緒に仕事をした担当者は涙を流して悔しがった。戒名は「恒徳院賢明道輝居士」。遺骨は浦和市内の金澤家の墓地に埋葬された。淡水魚の専門家として全国で熊谷市内にしかいないムサシトミヨの研究家でもある息子の光は「学校の成績から服装まであらゆる面に厳しい人で、何度も殴られました。短気な性格だけに、釣の仕掛けやエサも川底を這いやすくする工夫もしていました。秋ヶ瀬や熊谷、入間川など五か所に全国初の県民釣り場を設けたのは父の功績だと思います。ある大会で巨大なフナを釣りあげた時、申告せず黙って放していました。釣りの楽しさだけでなく、自然の尊さ、偉大さを体で教えてくれました」と語る。また、自民党県連で金澤と同時期からともに苦労してきた塩田早苗は「番頭のような役割として大金を預かっていただけに日頃から、お金にはきれいでなければならないと言っていました。栗原知事から畑知事に代わるときは、内部で話がぶつかる場面もありましたが、釣りは最高のストレス解消の場だったと思います。アイデアを生かして手腕を発揮し、部下には優しく、外部業者には厳しい人でした。見かけによらず恥ずかしがり屋で、食事には必ず部下を連れ出しねぎらっていました」と早過ぎた死を悼んだ。

故人の家族とも交流のあった浦和市内の老舗うなぎ屋「中村屋」店主、大森義治は「金澤さんの父上の代から利用していただき事務局長時代は店が近いこともあり、週に四、五回も部下を連れて食べに来てくれました。事務所ではよく最新の政治の話を聞かせてもらいました。偉ぶることなく、釣り

輝男、光父子の共著『埼玉のつり場 100 選』（右 /1993 年）
光による改訂版『埼玉つり場ガイド』（左 /1996 年）

は短気者がやるものだ、と話していました。愉快な方で私にとってあらゆる面で恩人でした」と語った。

金澤の没後、五年たった九三年、『埼玉のつり場一〇〇選』の著書が輝男、光父子の共著として地元の出版社から発売された。息子の光が九四年に迎える父親の七回忌を前に追悼の意味で出版を決意したものだった。生前に母親の八重子が保存していた新聞や雑誌の切り抜きや保存されていた写真が役に立った。保存されていた資料は一〇〇選ではまとめきれない内容だったため、人気の高さを優先し一〇〇に厳選した。出版まで五カ月を要した。

一三二頁の著書は県内の釣り場の全体図から始まり、荒川と利根川の上、中、下流の沼や用水を含め、アユ、イワナ、フナ、コイなど魚種別に注意点や現場までの地図や遊漁料まで写真と地図付きで丁寧にまとめられている。巻末には魚種別の仕掛けや糸の結び方、釣り用語からニジマスやヘラブナの管理釣り場と釣り堀の所在地や電話番号まで記載されている。

共著として文章をまとめた光は、「父の生前、多くの釣り仲間から県内の釣り場に関する本を出して欲しいとの要請を受けていたが、実現しないまま世を去ってしまった。やっと長年の希望がかない最後の親孝行ができた思いがする。天国で釣り糸を垂れながら父も喜んでいるだろう」とあとがきに記している。

6

神田 道夫（公務員、熱気球冒険家）

世界の空を飛び新記録を残す

神田道夫（かんだ　みちお）

一九四九年（昭和二四）一二月九日～二〇〇八年（平成二〇）二月一日。享年五九歳。

比企郡川島町出身。県立松山高校を卒業後、川島町役場に就職。二九歳で気球パイロットの資格を取得。自費で、本州横断や、米、加、豪州など数多くの飛行をし、中、軽量級で高度の世界記録。中、重量級で滞空時間と長距離の世界記録を達成。植村直己賞。没後の一七年、国際気球委員会から気球パイロットとして最高の「金バッジ（三粒のダイヤいり）」を日本人として初受賞。

遺体なき葬式

二〇〇九年二月、埼玉県のほぼ中央に位置する比企郡川島町の名刹、真言宗善福寺で一人の男性の葬儀がしめやかに行われた。本堂の中央に棺はなく、笑顔の写真と数点の遺品だけ。未亡人など親族ら限られた人数が列席した。式に続く焼香には故人の職場の仲間や友人、知人三五〇人余りが志半ばだった友の死を悼んだ。

男の名は神田道夫。地元、川島町の教育委員会の課長補佐で同町給食センター所長のかたわら、熱気球冒険家として有給休暇を取っては、熱気球で国内外の空を飛び、数々の記録を残した。人口二万人ほどの町の英雄であり、世界の気球仲間を代表する冒険パイロットであった。〇八年二月、二度目の熱気球による太平洋横断飛行中、アメリカ領の太平洋上で行方不明になった。米国側の大がかりな捜索にもかかわらず、遺体や遺品類が何一つ見つからない状況から一年後に、家族が川越家庭裁判所に特別失踪宣告をし正式に死亡が認められたのであった。

家族は遺体が無いため火葬をせず、母親が大切に保管していた臍《へそ》の緒《お》を骨壷に入れ、神田家の墓地に埋葬した。菩提寺で執り行われた葬儀では不思議なできごとがあった。住職の読経の最中に一羽のトリが舞い込んだのだ。参会者の間から「わっ」という声があがった。スズメよりもモズよりも、大きなトリが本堂内を一周すると静かに去って行ったのである。

二六代住職の伊藤禎章が語る。「寺は六〇〇年の歴史を持ち、父の代から、数えきれない仏様を見送ってきたが、遺骨の無い葬式も初めてなら、葬儀の場にトリが舞い込み一回りして去った例も初めて。何より不思議だったのは前日に準備のため葬儀社がきて生花を飾り付けている最中にもやってきたことだ。同じトリかどうか分からないが、私は吉鳥（吉兆）だと思いました」。

伊藤は川島町の元助役で神田が高校卒業後に役場職員として採用されて以来、神田を知りつくし、有給休暇をとっては行く熱気球での冒険を見守ってきた。失敗した時は肩をたたいて慰めていた。思わぬ人生の結末に驚き、迷うことなく葬儀を引き受け、「大夢道貫居士」の戒名をつけたのだった。

「神田がトリに姿をかえてやってきたと思った。彼はどこかの無人島に生きており、ひげぼうぼうのまま、ただいまと帰ってくる気がしている。卓球が上手で囲碁、将棋も強く、会合があると頼んでないのに、ジュースや酒を買ってくる気配りの男だった。町内のイベントでは子供たちを気球に乗せてくれたりもした。町内には彼を支援するような企業もなく、休暇を取っては自費で海外にも行き数々の記録を作った。どれほど、川島町の名を高めてくれたか頭がさがる。あいつほど、見かけによらない人物も珍しいだろう」と人柄と功績を強調するのだった。

悪天候に負けた冒険飛行

神田が行方不明となる太平洋横断飛行は〇八年一月三一日早朝のこと。栃木県岩出町の空き地に前日から準備された「スターライト号」に身長一六五《センチ》、体重五三《キロ》の神田が乗り込んだ。ピンクの羽毛服の上下を着込み、いつもの出発風景と変わらなかった。ジェット気流に乗り、時には七〇〇〇《メートル》を超す高高度を飛ぶため気圧は地上の六分の一、気温はマイナス五〇度以下になる。籐製のゴンドラにはふたが無く、パイロットの体はむき出しになるため、二重三重の防寒衣が必要なうえ、加圧式の酸素吸入器も欠かせない。高高度飛行は「禁断の領域」と恐れられており、酸素が無ければ失神してしまうのだ。

　四年前の飛行と大きく変わった点は、気球の大きさが高さ五〇《メートル》、幅四五《メートル》で、ビルの一五階以上にも相当する巨大気球に変更したことだ。プロパンガスボンベや酸素ボンベ、各種通信機器、食糧、水のほか、籐製のゴンドラ脇には緊急脱出用のカプセルも備えられた。神田を含めた総重量は六《トン》にのぼった。同じ時期、同じ場所から冒険家の石川直樹と二人で乗り込んだ「天の川二号」（高さ三六《メートル》、幅二六《メートル》）での飛行は日付変更線のはるか手前に不時着し、幸運にも付近を航行中の大型コンテナ船に救助され、一命を取り留めていたのだった。

　今回は、神田の単独飛行になったため前回の失敗を反省し、細部にわたり点検し、気球仲間の知恵も導入した。多少の不安はあったが三〇年を超す気球歴の総決算としても失敗は許されないリベンジ飛行でもあった。極寒の午前五時一八分、ゴンドラに乗り移った神田は、バーナーが音をたてるなか、気球仲間や取材の報道陣に向かって「お世話になりました。行ってきます」と声をあげると、スターライト号はゆっくりと天空に浮かび上がっていった。気球の名前は、前回、命を救ってくれたコンテナ船の船名を感謝の気持ちを込めて付けたのだった。

順調にいけば、出発後六〇時間で約九〇〇〇キロ離れた北米大陸に到達できる計算で、この時期に吹くジェット気流が最大の頼りだった。神田は滞空時間五〇時間三八分の世界記録の保持者でもある。操縦技術にも優れていることから日本気球連盟の幹部たちも飛行に成功すれば、英バージングループのブランソン会長が持つ七六七二キロの長距離記録を破れると期待していた。

川島町にある神田の自宅別棟の一室が太平洋横断飛行の連絡本部になった。日本気球連盟の幹部や気球仲間ら一〇数人が徹夜で神田との衛星通信による交信にまんじりともせず、気象状況や飛行位置など本人からの通信内容にくぎづけになった。米沿岸警備隊などとの連絡に備え、神田のファンでもある外国人スタッフもボランティアで参加していた。交信は順調だった。

一月三一日

一一：〇〇　高度六六八五メートル、時速一八〇キロ、進行方向七八、北緯三七・〇九、東経一五一・四〇

高度こそ八〇〇〇メートルに達してはいなかったが、時速からみて出発直後の連絡としては順調と思われた。本部に「これなら、いけるぞ」の声があがった。前回の失敗時と比べ、気球の速度に期待が持てた。神田は日本の東の沖合一〇〇〇キロを飛行していた。

二二：三〇　高度五五〇〇メートル、時速一七〇キロ、進行方向北緯四三・三一、東経一七三・二七

二四：〇〇　高度五五〇〇メートル、時速一八七キロ、進行方向北緯四三・六二、東経一七六・五八

前回の飛行時間を超えていた。「順調にフライト中」との衛星電話にもあまり不安はなかった。し

かし、高度と速度が下がり気味なのが気になり始める。
二月一日
〇三：〇〇　高度五三〇〇メートル、時速一三六キロ、進行方向七〇、北緯四四・三〇、西経一七七・〇五
これが最後の通信になった。

最後となった太平洋横断飛行に飛び立つ神田

衛星電話に神田の声が入る。「雨が降っている。アメリカの領海に入った。ＬＰガスの残量は二・五本。上昇し、飛べるところまで行く」と言ったのに対し、「次は四時に連絡願いたい」と本部が伝えている。神田は「わかりました」と応じた。雑音が強く、聞き取りにくかったがこれが最後の交信となった。息が詰まるような長い時間が続いた。本部内は重苦しい空気に包まれた。不時着を覚悟する意見も出た。非常用カプセルで漂流していることに希望をつないだ。しかし、どこからも何の情報もないまま、二週間が経過した。誰も何も言い出せなかった。

太平洋横断飛行の連絡本部となった神田家の別棟（右端の部屋）

世界記録に挑戦した際、ゴンドラに「ダ・サイタマ」の文字を使い、県から注意されたこともあった

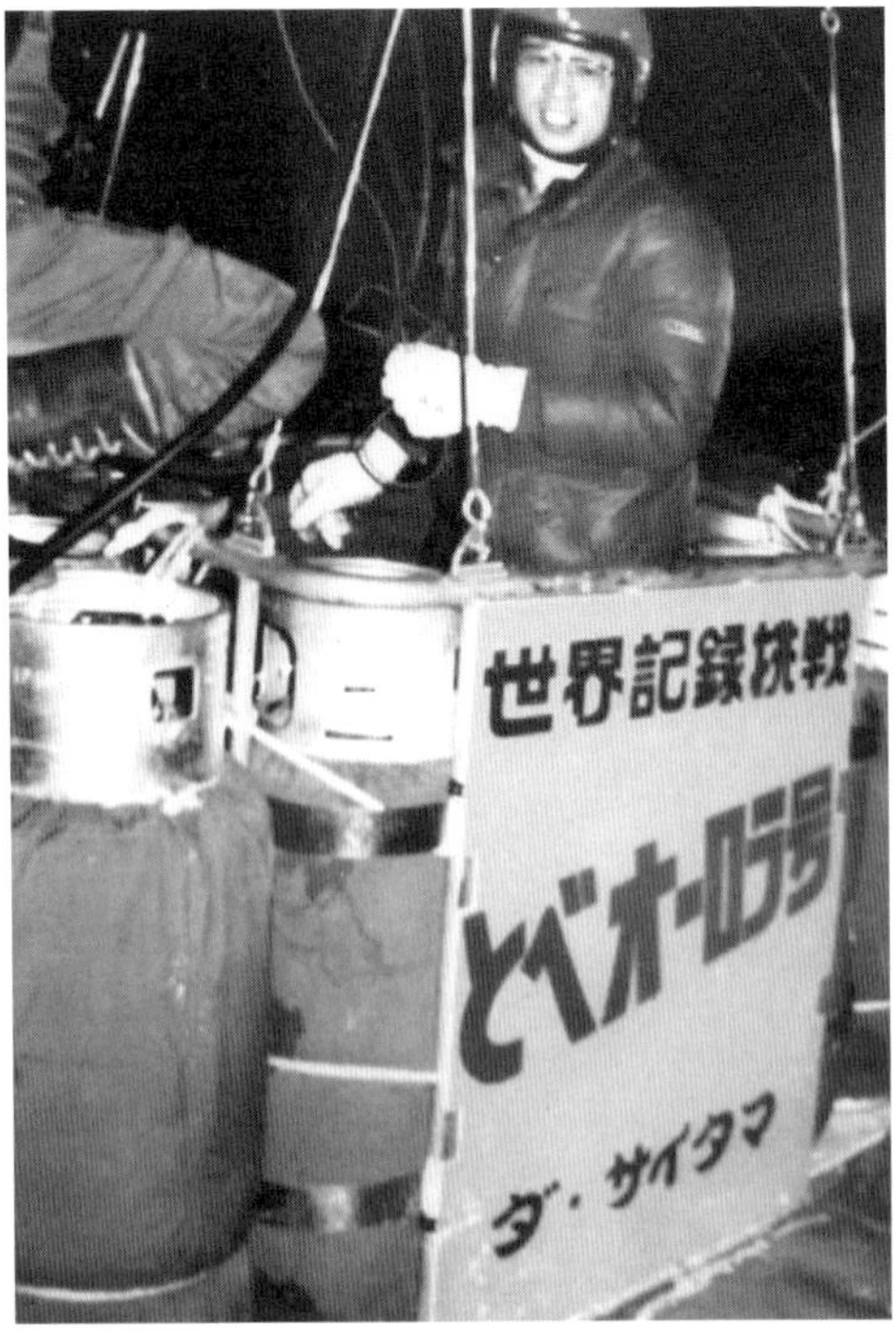

米沿岸警備隊は捜索船二隻と航空機一機を出し、周辺海域一〇万平方キロにわたり懸命な捜索活動を続けた。しかし、何の遺留品も見つからないまま捜索が打ち切られたのだ。

本部は一六日、やむなく地元の公民館で記者会見し、アメリカの新聞やネットが神田の捜索の打ち切りと、行方不明であることを伝えた。翌日の新聞は「神田さんの捜索打ち切り、家族、気球仲間に衝撃」と報じた。本部で交信を担当した神田の親類にあたる画家の市原敏次は「巨大な気球の真下にいることと、風やバーナーを焚く音など雑音がひどくなっていた。行方不明は残念だが、前回と違い、他人を巻き添えにしないでよかった。不眠不休で必死になって急変した気象状況と闘っていたのだろう。彼はホンモノの冒険家だった」と語り、気球を神田に指導した日本気球連盟幹部の市吉三郎は「一緒にエベレスト越えやアルプス越えなどをしたが、意思の強い人だった。今なお破られていない世界記録も残しており、日本を代表する熱気球冒険家として尽くした功績は大きい。広い太平洋のどこかで生きていてほしい」と語った。

高校時代から芽生えた冒険心

川島町で生まれ育った神田は、少年時代から運動神経が発達しており、あらゆる運動で目立つ存在だった。三人兄弟の長男。姉と妹の中間だったが、父親は癌のため早く亡くなっている。地元の伝統校、県立松山高校へ入学すると、従来の部活や団体競技に興味が持てなかった。誰にも干渉されず、好きな時間に自然に触れ、体を動かすことを考えた。県内に川が多いことに注目し、アルバイトで貯めた金で一人乗りのゴムボートを買うと週末に秩父から大宮までの川下りに挑戦した。次第に距離を伸ばしていき、水面から見える地上や都市部を流れる川の静けさなどを再認識する。当時、単身での川下りは珍しく、ラフティングの先がけだった。

高校を卒業後、川島町役場に就職した。公務員になっても、トラック型の愛車にゴムボートを積み各地の河川を目指し、川下りを楽しんだ。愛用のカメラを手に水面から見える景色を撮影した。カメラの腕前も高く、自分の娘を撮った写真で埼玉新聞社賞を取っている。球磨川（熊本県）、最上川（山形県）、富士川（静岡県）にも休暇を取って出かけた。新聞や雑誌に川下りの体験記を書くうち、冒険心を強めていく。二七歳の時、同じ町役場にいた三歳年下の美智子と神田の叔父が仲人になり、結婚した。新婚旅行はハワイだった。

テレビの映像で熱気球にのめり込む

結婚後、あるテレビ番組の映像にニュージーランドの秀峰、クック山の上空をふんわりと飛び越えている熱気球に釘付けになった。それまでの水面だけを相手にした限られた世界と違い、宇宙を相手にトリのように、自由自在に飛べる乗り物に興味の対象を変えたのである。

思い込んだら一直線に何でもやり遂げる性格。気球の操縦技術を学ぼうと、日本における熱気球操縦の草分けだった市吉三郎の気球クラブに所属し、週末ごとに気球相手に訓練を続けた。訓練場所が埼玉、栃木県境を流れる渡良瀬川遊水地だったため、雨の日以外は、泊りがけでテントに泊まった。操縦技術と学科のテストの末、半年足らずで熱気球パイロットの資格を取得した。強い意志と、天性のカンの良さが気球に向いていた。

二九歳。その頃には長男が生まれていた。共働きの妻は、内心は事故を心配していたが、夫の趣味と受け取り、干渉をしなかった。辞めるよう説得しても聞く耳を持たない頑固な性格を知り抜いていたからだ。以後、双子の女児にも恵まれ、家の中はにぎやかになった。しかし、子供たちが成長しても、気球に乗せることもなく、母と子は神田の熱気球を仕事の延長ととらえ、冒険飛行に出る際も出発地点で見送ることも無かった。親子関係は円満で、神田は子供たちを可愛がったが冒険飛行に関しては冷めた目で見られていたのであった。

国内の空から、海外の冒険飛行に挑戦

神田の町役場における勤務ぶりは誠実で、部下や上司の信頼も厚かった。神田は時には部下に代わ

り、残業することもあった。謙虚で実直な人で通っており、部下からは「神田さんのお蔭で休暇が取りやすくなった」との声がある一方、幹部の間では「公務員なのに、好きなことをやって長期間、休みを取る」との苦言もあることを神田は心苦しく思っていた。長い休暇を取ることは神田にとって勇気のいることだった。

学生時代の友人とも仲良くしており、時には泊まりがけで地方の温泉宿にも出かけていた。とりわけ、地元の気球仲間たちとの関係は家族同然だった。三〇年来、活躍を見守ってきた地元の自営業者は「演歌が好きで愛用の軽トラックでは天童よしみの曲が常に流れていた。家に行くとテレビの『水戸黄門シリーズ』の録画を楽しそうに見ていた。彼にとって、演歌も時代劇の映画も最大の気休めだった。心配しながらも黙って冒険を許してきた奥さんの存在は大きい」と語っている。

気球パイロットの資格を取ってからの活躍ぶりは目覚ましく、主として単独飛行に魅力を感じ誰も残していない記録に挑んでいくのだった。

七九年二月、熱気球パイロットの資格を取得
　　　富士山越え飛行
七九年五月、日本初の北アルプス越え飛行
八三年二月、日本初の本州横断飛行（石川県金沢市から栃木県小川町まで三〇三キロ）
八三年二月、熱気球中量級の長距離世界記録達成（島根県隠岐島から長野県飯田市まで四一九キロ）
八六年一一月、熱気球中、軽量級高度日本記録九五六九メートル達成

八八年一一月、熱気球中量級の高度世界記録一二九一〇メートル達成

九〇年五月、熱気球による世界最高峰エベレスト越えに挑戦（ヒマラヤ上空一万メートルを世界初飛行するもエベレスト越えは断念）

九三年二月、東シナ海越えに成功（中国江蘇省如東県から熊本県産山村まで九四〇キロ飛行）

九四年六月、中、重量級の長距離世界記録達成（西オーストラリアから南オーストラリアまで二三六六キロ）

九七年二月、中、重量級の滞空時間世界記録達成（カナダ・アルバータ州からアメリカ・モンタナ州まで五〇時間三八分）

二〇〇〇年一〇月、西ヒマラヤ最高峰，ナンガパルバット越えに成功

この後、〇四年と〇八年の太平洋横断飛行と続く。国際気球連盟の優秀パイロット賞や二〇〇〇年度の植村直己冒険賞も受賞し、日本熱気球飛行技術研究会の会長も務めるなど、技術を高めていた。

筆者が神田に会ったのは、八三年のこと。金沢市から栃木県小川町まで三〇三キロを飛行し、熱気球の冒険部門に彗星のごとく現れ、注目されたからだ。当時、三三歳。町役場では福祉課の主事だった。人懐っこい目が印象的で、きゃしゃな体が気球乗りに向いているように思えた。

「ふんわり上昇する途中では、目の前で小鳥が飛んでいる様子が見られ、鳴き声も耳に入ります。風の音を聞き、高度を上げるため、時々、焚くボイラーの音が出ます。風まかせの気球にはロマンがあります」と魅力を強調した。すでに、飛行時間は一〇〇時間を超えており、指導員の資格も得ていた。

驚いたのは、二年前に本土上空を飛行の際、下北半島で着地に失敗。右足を骨折し三か月間、職場を休んだことを告白したことだった。この先、取る道は気球を止めるか、ただ楽しむだけにするか、記録を残す冒険を続けるかの三つで悩みぬいたという。病院から退院後、「好きで選んだ道。飛ぶ以上、記録に挑みたい」と冒険飛行を選んだと語ったことだった。

また、冒険飛行の成功条件として「気象七割、技術二割、運一割。絶対に成功すると分かっていたら、それは冒険ではない。成功するという確信がなければ出発しません」と語っていた。骨折がさらに冒険心に火をつけたのだった。さらに、八七年一一月、早朝の富士山上空で高度の記録に挑戦するとの連絡を受けて、勤務先の新聞社が導入したばかりの小型ジェット機にカメラマンとともに乗り、神田の気球を追跡取材した。この時、神田の飛行時間は二〇〇〇時間を超えており、飛行回数は一五〇〇回を上回っていた。職場も環境衛生課にかかわっており、三八歳の公害係長だった。

午前六時過ぎ、高度五五〇〇メートル付近で富士山を背景に急速に上昇する神田が乗る赤、黄色など五色のかぼちゃ型熱気球「レインボー号」をとらえた。吐き出された蒸気が気球全体にまとわりつきながら急速に上昇する姿を目撃した。小型機の高度が限界に達したため追跡はできなかった。はるか下方に富士山と雲海が見えた。同日午後、「自らの日本記録を上回る一万五八〇〇メートルを達成しました」という本人からの電話のはずんだ声を聞いている。

死後に届いた熱気球パイロット最高賞

巨大な熱気球を飛ばすのは一人でもできるが、準備段階から着陸まで四、五人のサポートが欠かせない。数々の記録の裏には、支えてきた気球仲間の存在がある。折りたためば小さくなり車で運べるが、燃料のプロパンや計器類、居住部分のバスケットなどを運ぶ係が必要だ。風向きなど気象状況を

海外飛行の際に、一緒に食事をする神田(右)と操縦技術を教えた市吉三郎(左)

没後に届けられた、熱気球パイロットに与えられる最高の賞「ダイヤ入り金バッジ」を持つ美智子夫人

調べ、出発地点を確保し、バーナーで事前に気球の内部の空気を暖めておく。暖かい空気がたまり気球が浮き上がるとロープで係留し、パイロットが浮上するまでの安全を確かめる。記録を狙う冒険飛行の場合、離陸後から、時間ごとの高度、飛行距離、気象状況などを逐一、上空のパイロットと連絡を取らなければ正式記録として認定されない。このため、本部を設置しなければならないのだ。さらに、不時着に備え、救助の手配などの人員も必要になる。つまり、一人の記録のため長時間、複数の仲間たちが支援していることだ。

気球はハンドルもブレーキもない乗り物で、行き先は常に風まかせ。上昇はバーナーを焚き、下降の時は焚かないままでいる。急速に下降する際は、天頂部にある排気弁とつながっているロープを引くと弁が開き内部の熱気が抜けて急降下する。とりわけ風向を読むことが最も難しいとされている。目に見えない風だけに、飛行高度を一定に保てないと気球を乗せていた風の層を外してしまうのだ。基本的には安全な乗り物だが、風まかせの宿命から高圧線にひっかかったり、着陸の際の衝撃で投げ出されたり、時には爆発炎上しての死者も世界各地で起きている。

神田はこれまで高度、飛行距離、滞空時間の世界記録を保持していた。しかし、九七年二月に達成した熱気球中重量級での「滞空時間」五〇時間三八分（カナダ・アルバータ州カルガリーからアメリカ・モンタナ州ジョーダンまで）だけは一八年七月末現在、破られていない。滞空時間の際、着陸地点はモンタナ州の牧場だった。初めて目にした熱気球に驚いた牧場主の女主人がカメラを手に近寄り、感激して抱きしめてくれ、記念写真を撮ってくれたという。世界記録は三〇代の後半から四〇代の中頃に達成しており、気球パイロットとして油の乗りきった年齢での快挙だった。

フランスのモンゴルフィエ兄弟が熱気球の飛行に成功してから二三五年。暖炉の熱気に煽られた洗濯物を見て火を燃やした時に出る煙に空気より軽い成分があると信じ、この煙を集めれば空を飛べると考えたのが始まり。日本では北海道の洞爺湖近辺で京都のグループが初めて飛んでから一六〇年になる。日本気球連盟によると、パイロットの資格取得者は男女二〇〇〇人。免許を持たず気球を楽しむ人たちは三〇〇〇人程度という。佐賀県では、町おこしをかね「バルーンフェスティバル」を開き、世界的な大会も開かれている。四、五人の仲間が必要なうえ、飛行場所や着陸地点がみつけにくいことも気球人口が増えない理由となっている。

趣味にしてもスポーツにしてもマイナーなだけに、特別なことがなければ企業のスポンサーはつかない。記録を出しても賞金が出るわけでもなく、日本記録や世界記録を出さない限りメディアで取り上げられない状況だ。神田にとっては記録を作り、新聞で取り上げてもらえることが、休暇を取りやすい条件の一つであった。

埼玉と熱気球との縁は強い。太平洋戦争の末期、日本軍が兵器として気球に爆弾を搭載、秘密兵器として米本土に飛ばしたのである。直径一〇メートルの気球の球皮に丈夫さで知られる比企郡小川町の和紙が大量に使われた。一一月の偏西風を利用し、五〇時間で米本土へ向け、九〇〇〇個以上が千葉、茨城、福島の海岸から四四年から四五年の終戦の直前まで飛ばされた記録が残る。詳しい成果は分かっていないが、オレゴン州で米国人が日本の陸軍の風船爆弾のため死亡していたのである。

神田の葬儀から九年が経過した二〇一七年暮れ、川島町の自宅を日本気球連盟の国際局長を兼ねる市吉三郎が訪れた。未亡人の美智子に手渡されたのは国際気球連盟（本部・スイス）から届いた世界の熱気球冒険家に与えられる最高の賞とされる「三個のダイヤが埋め込まれた金バッジ」（GOLD BADGES＋3DAIAMONDS）だった。持参した資料には九人の受賞者の名前と国籍が記されていた。イギリス、アメリカ、オーストラリアなど欧米ばかりのなかで神田は唯一のアジア人であった。銀バッジは市吉が受賞しているが、最高賞の金バッジは神田が日本人で最初だった。

「主人が生きているうちにいただければ、どれほど喜んだことでしょう」と美智子は涙ぐみ感謝の言葉を述べたと言う。家族も親戚も快挙には喜んだが、常に危険が伴うため、静かに見守っていた。結婚以来、気球に関しては口出しせず、生活面で神田を支えてきた妻の美智子は語る。「何度もやめてほしいと思ってきましたが、好きで打ち込んできたことだし、強く言ったところで聞く人ではなく、自分の夢に向かってどこへでも行く人でしたから。最高の賞もいただき、本人にとっては幸せな人生だったと思っています」。

居間の仏壇では若き日の神田の写真が優しく微笑んでいた。

7

米国に魅せられミステリー翻訳九九冊

小鷹 信光
（翻訳家・作家）

小鷹信光　（こだか　のぶみつ）本名、中島進也

一九三六年（昭一一）八月二六日〜二〇一五年（平成二七）一二月八日。享年七九歳。

岐阜県生まれ、早大英文科卒。高校在学中から映画や雑誌を通じアメリカ映画に興味を持つ。大学在学中からアメリカのハードボイルド（非情小説）の翻訳や研究に打ち込む。訳書はダシール・ハメットの『マルタの鷹』など九九冊。ミステリー評論家、作家として松田優作主演の連続テレビドラマ、『探偵物語』の原案、原作者。著書も多く「日本推理作家協会賞」受賞。

西部劇を通じアメリカ文化を吸収

終戦直後、映画館で上映された西部劇やアメリカ兵が持ち込んだペーパーバックと呼ばれる安売り本を見て米国文化にあこがれ、米国ミステリーの翻訳家として名をなした小鷹信光（本名・中島信也）は岐阜県高山市の生まれだが、三〇代で所沢市に移住し大活躍した。男ばかり四人兄弟の次男で五歳の時、銀行の幹部だった父親の転勤に伴い、一家で富山から上京。練馬区内の国民学校に入学する。翌年、太平洋戦争による空襲を避けるため群馬県松井田に疎開した。疎開先ではルビ付きの大人の小説や海外の偉人伝やトルストイ、ゲーテの古典までむさぼり読んだ。終戦とともに、再び都内に戻り、練馬区内の中学に進む。映画好きは小学生時代からで、父親に連れられ西部劇「マルクスの二丁拳銃」などカウボーイものやジョン・ウェインの「拳銃の町」など活劇映画を夢中で見た。中学生になっても、自宅を中心に半径五キロ以内は自転車で見に行っていた。

高校は板橋区内の都立北園高校に越境入学。管内に盛り場の池袋があることと、知らない人ばかりの所へ行きたかったためだ。午後三時の授業の終了と同時にかばんを持ったままほぼ毎日、池袋の映画館に直行。二本立て、三本立ての洋画を狙った。不良と呼ばれるのを覚悟し、年間二〇〇本を浴びるように見まくり、西部劇や探偵ものにあこがれ、映画評をノートに記した。配達のアルバイトをし、映画代にあてた。時には浅草の映画街にも遠征した。家に門限はあったが、両親は映画鑑賞には寛大だった。

英語力をつけるため四歳上の長兄が好きだった米国の人気作家、ミッキー・スピレーンにあこがれ、「裁くのは俺だ」などの翻訳本が出るのを待ちきれず、原書を買って読破。大意をつかむ速読に徹した。ポルノ雑誌を買って仲間と写本し、翻訳もした。ＦＥＮ（米極東軍放送）を聴いて耳も鍛えた。こうした努力で、英語の成績は最上位だった。学内で仲間と「映画研究会」をつくった。映画評論誌を出せば、試写会に招待されると思ったが、評論誌は出せなかった。西部劇と探偵映画のヒーローとアメリカの裏町人生が自分にとってのアメリカになっていく。

ミステリ研究会で存在感を発揮

大学受験は二年間浪人し、予備校に通った。悪性の帯状疱疹や扁桃腺炎、結核性眼底出血などで健康状態はあまり良くなかった。しかし、地元や神田の古書店街でアメリカ兵が放棄したペーパーバックを買い集め、読みまくる。探偵が登場し複雑な事件を解決するミステリー小説にひかれていく。表紙の絵やデザインが気に入り、のめり込んだ。「匂い」（ペーパーバック本）と「視覚」（映画）と「音」（米極東軍放送）の三つからアメリカの大衆文化に深入りしていくのだった。英語版の雑誌「リーダーズダイジェスト」もアメリカを知る大きな「窓」だった。市井《しせい》の小さな出来事にも関心を持ち、州名や地名にも興味を持った。参考になる部分は克明にノートに残した。アメリカとアメリカ映画に対する興味は衰えず、映画代や本代が不足すると、家庭教師で英語を教えながら見たい映画があれば都内の各地まで出かけた。ＳＦ映画「地球の静止する日」を見た後、宇宙人の呪文《じゅもん》を覚え込み、帰宅後に弟に唱えて驚かしたりもした。

第一次世界大戦後からミステリーの世界に「ハードボイルド」というジャンルが登場。無常、非常、非感傷的などと訳され、日本でも人気を集め始めていた。「暴力」、「麻薬」、「拳銃」、「セックス」、「リンチ」などの要素が中心になっていた。とりわけ、この分野で先行していたミッキー・スピレーン、レイモンド・チャンドラー、ダシール・ハメット作品を次々に原書で読破。とりわけ、ハードボイルドスタイルを確立した代表としてチャンドラーに心酔した。『赤い収穫』『マルタの鷹』の代表作を通じ、「ハードボイルド派探偵小説界の長老」に惚れ込んだのであった。

浪人二年目の時、映画好きの仲間と手作り雑誌「ｗｅｓｔｅｒｎ」を発行。見た西部劇の印象をまとめた。雑誌は二号で廃刊となった。二一歳の時、早大文学部英文科に入学。迷わず卒業生の江戸川乱歩ゆかりの「ミステリ研究会」に入会した。機関誌「フェニックス」にこれまで書き残してきた映画評を参考に、「行動派探偵小説論」を執筆した。新入生歓迎会で教育学部生の大藪春彦と出会う。学内の同人誌に発表した『野獣死すべし』が江戸川乱歩の推薦で雑誌「宝石」に転載されると、学生作家として鮮烈なデビューを飾ったのである。

小説は映画にもなり大ヒットする。小鷹はこの時大藪の影響を受け、二つの暴力団が対立する小説を完成させていたが、出版には至らなかった。大藪に敵意を感じつつ、黙々とミステリー専門誌に投稿、原稿料を得ていたのであった。その頃、日本でもハードボイルド雑誌として「マンハント」が発刊されていた。二五歳の時だ。小田実の「何でも見てやろう」が出版され「巨人、大鵬、玉子焼き」が流行語になり、米国ではケネディが大統領に就任していた。

サークル活動をしながらミステリー専門誌や週刊誌の読者座談会に参加し、映画評を投稿した。面白そうな作品があれば翻訳し、原稿料を稼いだ。卒論は、「現代アメリカ未成年者犯罪小説論」。多くの仲間が著名な文学作品を当たり障りなく書いていたのに対し、クラブの会誌に連載していた映画評論を中心にまとめたアメリカの少年犯罪の実態を取り上げた現代社会をえぐる意欲作だった。主任教授から「評点A」と評価された。折から就職難で、卒論は合格したが、入社試験では新聞社系、雑誌社系とも不合格だった。

医学雑誌と雑誌投稿の二足のわらじ

最後に受かったのが東大のそばにあった医学書院で、雑誌の編集を担当する。早大時代、仲間と出かけた伊豆旅行の際に現地で知り合った都内の女性会社員と交際を重ね結婚した。ちょうど社員研修の時期だった。組合活動が盛んで、その年の春闘ですぐに給料が上がった。会社の仕事は順調だった。しかし、医学とは方向が違うミステリーを含むアメリカ文化への情熱は絶ち切れず、帰宅後にミステリー雑誌などに精力的に執筆した。

本名からペンネームでの執筆が本格化する。尊敬するハメットの代表作、『マルタの鷹』と自分と愛妻の光子の名前を一字ずつ取ってペンネームにした。ところが、初のペンネームが使われた著作物で、名前の「信光」が「信之」になっていたのだ。悪筆ではなかったが、サインペンの字が読みにくかったため出版社の担当が見間違えたのだった。自分としてはショックで、作家活動の出鼻をくじかれる思いだった。眼底出血で左目の視力が低下しながらも、会社での仕事と雑誌への執筆の両立が続く。本業より、副収入の方が多くなったら、フリーの作家として独立することを決めていたのである。

二年後に転機が訪れる。翻訳の第一人者で知られたエラリークインミステリーマガジンの常盤新平編集長に声をかけられ、『ペイパーバックハードボイルド見本市』を執筆したことが自信につながった。連載評論『アメリカのスパイ小説』をこなし、初の著書として『アメリカ暗黒史』を出版。初の翻訳本として『破壊部隊』（ハミルトン著）を出版した。常盤は翻訳家としての実績のなかった小鷹に対し、英語の読解力と幅広い知識を評価していた。その上で、訳した文章を容赦なく加筆、削除、訂正し鍛えに鍛えたのだ。直された文面を見て翻訳の仕事が生易しいものではないことを小鷹は身に染みたのである。以後、荒正人（評論家）の下訳を頼まれたことがあるが、「リライトの必要なし」と言われ、原稿料が一気に上がり翻訳家としての自信を高めていくのだった。

そして、二九歳の時、副収入が会社の給料と年収八〇万円で並んだ。一か月休暇を取ってアメリカ一人旅に出た。一ドル三六〇円時代で、五〇〇ドルしか持ち出せなかった。予算内で二〇泊のホテル代と往復の航空運賃をまかない、「アメリカ暗黒史」の舞台を恐る恐るのぞき見る旅だった。当時、英国ではイアン・フレミングの「００７」シリーズがブームでスパイ小説が流行し始めていた。初渡米は「アメリカうらおもて」として雑誌に連載された。三一歳で医学書院を退社。文筆家として独立した。同年の年収は三〇〇万円を突破しており、翻訳家、作家、評論家として独立したのであった。

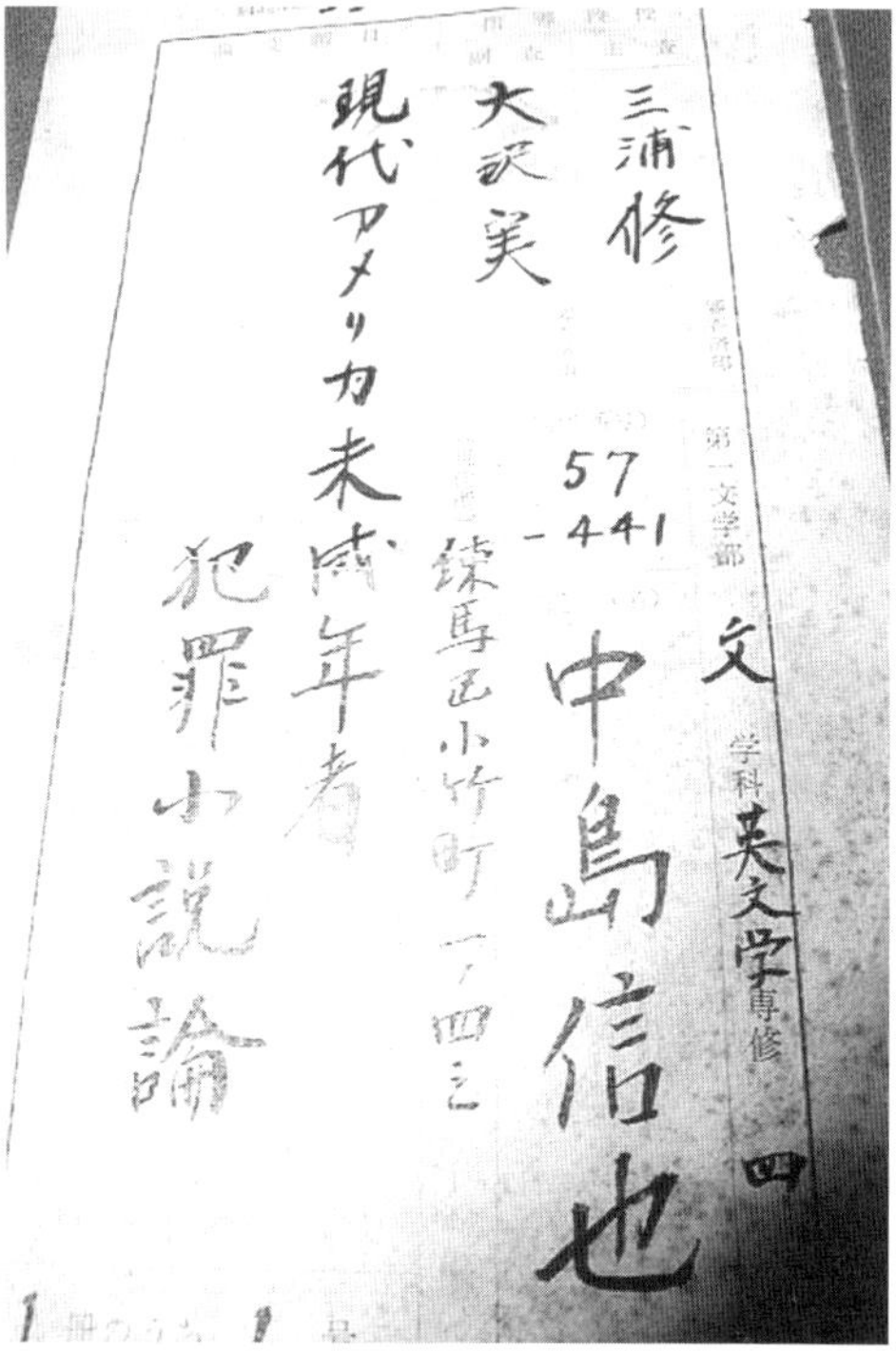

早稲田大学英文科時代に提出した卒論の表題

小鷹（中央）が主催した東中野駅前の翻訳教室の生徒たち

所沢に転居、運転免許を取得

三二歳の時、東京の清瀬市との境界にあたる所沢の閑静な住宅地に居を移すと、翻訳と創作の仕事が同時並行する。米国で話題のミステリーを次々と翻訳し、雑誌や女性週刊誌を含む週刊誌にも豊富な知識を生かして意欲的に執筆、マガジンライターを楽しんだ。都心の出版社回りや取材には愛車を運転した。週刊誌に「めりけんポルノ」を連載した時は、小さかった娘から「名犬ポルノ」ってどんな犬なの、と聞かれて困ったこともあった。

独立すると、共著を含め、年間平均五、六冊の翻訳本などを出版した。三五歳の時には二度目のアメリカ旅行に出た。三年後には翻訳本として、同世代のリチャード・バック著『ぼくの複葉機』を出版。のちにバックは世界的ベストセラーとなった『カモメのジョナサン』を生む。この時、小鷹は翻訳という仕事について「読者にとってそれまで全く他人だった原作者との新しい出会いでもある。その作家との過程で幸運に恵まれることもあれば何人かの初めての人々との素晴らしい出会いも経験することになる」と言っている。

四〇歳の時、東京の東中野駅前に仕事場をかね、ワンルームマンションを購入し、海外ミステリー研究会を主宰する。四三歳の時、「人の喜びを自分の喜びにする」という面倒見の良さから翻訳工房を主宰し、女性を中心に翻訳講座を開き後進の指導にあたった。男女とも年下の人を「さん付け」し、「誤訳」した人に対しても「誤読」と言い換え、プライドを傷つけない配慮を忘れなかった。ミステリーの翻訳と評論については、絶対の自信を持っていたのである。一方では、松田優作主演のテレビドラマ『探偵物語』の元になるオリジナル長編を出版。撮影現場にも出向いた。私立探偵、工藤俊作が活躍する日本版ハードボイルド作品として松田優作の人気も手伝って視聴率を高めていた。

筆者が小鷹と会ったのは八一年暮れ、四五歳の働き盛りだった。八〇〇〇冊の洋書に囲まれた書斎で取材中、タバコを手離さなかった。「アメリカかぶれだった兄の影響で高校時代に洋書だけではあきたらず、年間二〇〇本は西部劇や犯罪ものを見る生活が四、五年続いたかなあ」とミステリー翻訳家の原点となった高校時代に思いをはせた。当時、映画でも話題となっていたジェームス・ケインの名作『郵便配達はいつも二度ベルを鳴らす』の翻訳も手掛けており、小鷹を含む四人の翻訳家がしのぎを削る中で、新訳決定版として小鷹訳は評判が高かった。当時は、アメリカ文化研究者、日本推理作家協会、日本冒険作家クラブ、マルタの鷹日本支部、アメリカ探偵クラブ、アメリカ私立探偵作家クラブの各会員としても多忙をきわめていた。

翻訳の苦労ぶりを聞くと、「原作は半世紀以上も前の作品もありますが、自分を信じ、自分の文章で書けば翻訳家の先輩たちとは違うものになると、ミステリーの古典に胸をかりました」と謙虚に語った。また、「好きなことを一筋に続けることで、道は開けるもので映画や本、雑誌、ラジオ、旅などを通じ全部が役に立っているのです」と穏やかに語った。物には興味があってもブランドには関心がなく、執筆は学生時代からペンテルのサインペンでマス目の原稿用紙を埋めてきたという。英語が得意で英文タイプを日常使っておりながらパソコンは書籍の購入などに使うだけとも語ったのが意外であった。物腰もやわらかで服装もダンディであった。そして最後にこんなことを言った。「私には県民性も国民性もないみたい。いつもアメリカにいる感じなんです」。

米国に別荘を購入、ゴルフに熱中

四五歳を過ぎると、取材、執筆をかね海外渡航の数が増えた。ハワイやアイルランド、スコットランドでのゴルフを楽しんだ。単なる趣味やスポーツにとどめず、それぞれの国の様子を含めた連載を雑誌にまとめた。彼にとってのゴルフは趣味より仕事に近かった。五四歳の時、アリゾナ州のゴルフリゾート地内に一〇〇〇坪のプール付住宅を購入した。日本では中の上クラスの会員権しか買えなかった当時、別荘の経費はゴルフミステリーやタイガーウッズに関する著書の翻訳、ゴルフ週刊誌の連載などで得た収入で買えた。別荘はゴルフのためばかりではなく、アメリカの旅の前線基地でもあり一二年間にわたって維持した。父親の九〇歳祝いには実兄とともにアメリカの別荘で過ごしている。父親は小鷹の第一読者として常に新刊本が出ると最初に読んでもらっていたと言う。モノを大切にし、捨てられない性分とメモ魔ぶりは父親譲りで、国内で好評だった『探偵物語』は父親に献呈している。

六三歳の時、母親が病死。その四年後から独居生活をしていた父親が九四歳で亡くなったこともあり、アリゾナの別荘も処分した。四五歳から始めたゴルフだったが、熱心ぶりと素質の良さもあって日本推理作家協会の大会で優勝。学生時代からの麻雀も強く、作家仲間の大会で優勝している。愉快なエピソードも残されている。二〇〇四年の大学入試シーズンが終わった後、東京理科大の学長名で一通の手紙と資料が自宅に届いた。小鷹が書いた連載エッセーを入試問題で使わせてもらったが、事前に許可を取らなかったことに対するお詫びの手紙だった。驚いたが、得意な気分にもなっていた。ところが、ハードボイルドに関して書かれた問題文の中で「非情」が「非常」になっていたのに気付いた。小鷹は誤植をめぐってこの問題文が学内で騒ぎにでもなることを恐れ、大学側に返事もせずそっとしていたのだった。

生前に特集雑誌を編集、偲ぶ会で配布

精力的に日米を中心に活躍してきた小鷹に異変があらわれる。六七歳の時、渡米は七〇回を超えていた。自分がかかわった映像作品『檻を逃れて』の完成披露後、肺気腫と診断され禁煙に踏み切る。その後も毎年のように渡米を続け七一歳の時、自身の集大成として半自伝的な著書『私のハードボイルド　固茹《かたゆ》で卵の戦後史』を出版。著書の冒頭、「日本のハードボイルドの元祖、双葉十三郎師にこの本を捧げます。そして、それぞれのハードボイルド道を私に示してくださった小泉喜美子、青木雨彦、結城昌治、稲葉明雄、横井一、田中小実昌、生島治郎、都筑道夫の八人の霊に」と記した。出版

直後から反響を呼び、日本推理作家協会賞（評論その他の部門）を受賞した。その後、『アメリカ・ハードボイルド紀行』『マルタの鷹』（改訳決定版）を相次いで出版する。

七八歳の時、一〇〇回を超えた渡米の際、最愛のチャンドラーの墓参をしている。翌年一月、眼底出血による左目のガラス体混濁のため車の運転とゴルフ、海外旅行を断念。三月には膵頭部に腫瘍が見つかり所沢市内の病院に入院したが、手術は不能と言われた。その後、通院し、抗がん剤治療を受けるが、五月には副作用が出たため中断し、本人の意思で対症療法を選択する。その後もやり残した

書斎でくつろぐ晩年の小鷹

アメリカのミステリー小説の原書で埋まった書斎の一部

仕事を酸素吸入を自宅でしながら続けていた。一二月八日朝、妻の光子がゴミを出すため門を出て戻ると眠るようにして亡くなっていたという。死因は膵臓がんだった。

本人は三か月前から覚悟ができており、二人の娘らと葬儀の会場を予約し、死亡通知の発送先などのリストを作っていたという。内輪だけの葬式にするため式場も下見をしていた。葬儀の後、遺骨は富山市内の中島家の墓に埋葬された。戒名は「一峰院釋善海」。生前の渡航回数は一二〇回、日本航空の累積マイル数は一〇〇万マイル。翻訳本は九九冊、著書は六一冊。高校時代から収集してきたペーパーバック主体と雑誌は一万点、米国の古い絵葉書二〇〇〇枚、古い地図二〇〇枚、すぐに役立つ小鷹メモが無数に残され保存ができない状況だった。二〇一三年には一万点を超える貴重なコレクション本を早川清文学振興財団に寄贈した。これらは整理されたうえ、「小鷹信光文庫ヴィンテージペイパーバックス」として公開されている。

多彩な活動を支えてきた妻の光子は「すべてに几帳面な人で私は仕事に一切、口出しをしませんでした。車の運転と旅が好きでした。自分の最期をわかっており、一緒に葬儀場の下見もしました。思い残すことのない一生だったと思います」と語る。また、長女で詩人の、ほしおさなえは「おせっかいなぐらいの世話好きで、図や絵入りの独特のメモをたくさん持っていました。友人宅に世話になった時、渡されたメモには『ドアのそばのベッドに注意、必ず足をぶつける』とあり、その通りだったことを覚えています」と言い、大量のメモが米国の古い絵葉書や地図とともに、整然と整理され残されていることを強調した。ほしおの夫で作家、評論家の東浩紀は「小鷹さんの世代は米兵が持ち込んだペーパーバックの作家名から自分の好きな作品を見つけだし徒手空拳で立ち向かっていった。いわば、アメリカとの戦いでもあった。日本のある姿が彼の仕事を通して見える。翻訳し咀嚼し、自分たちのものにする先見性と気概を感じている」と語っている。

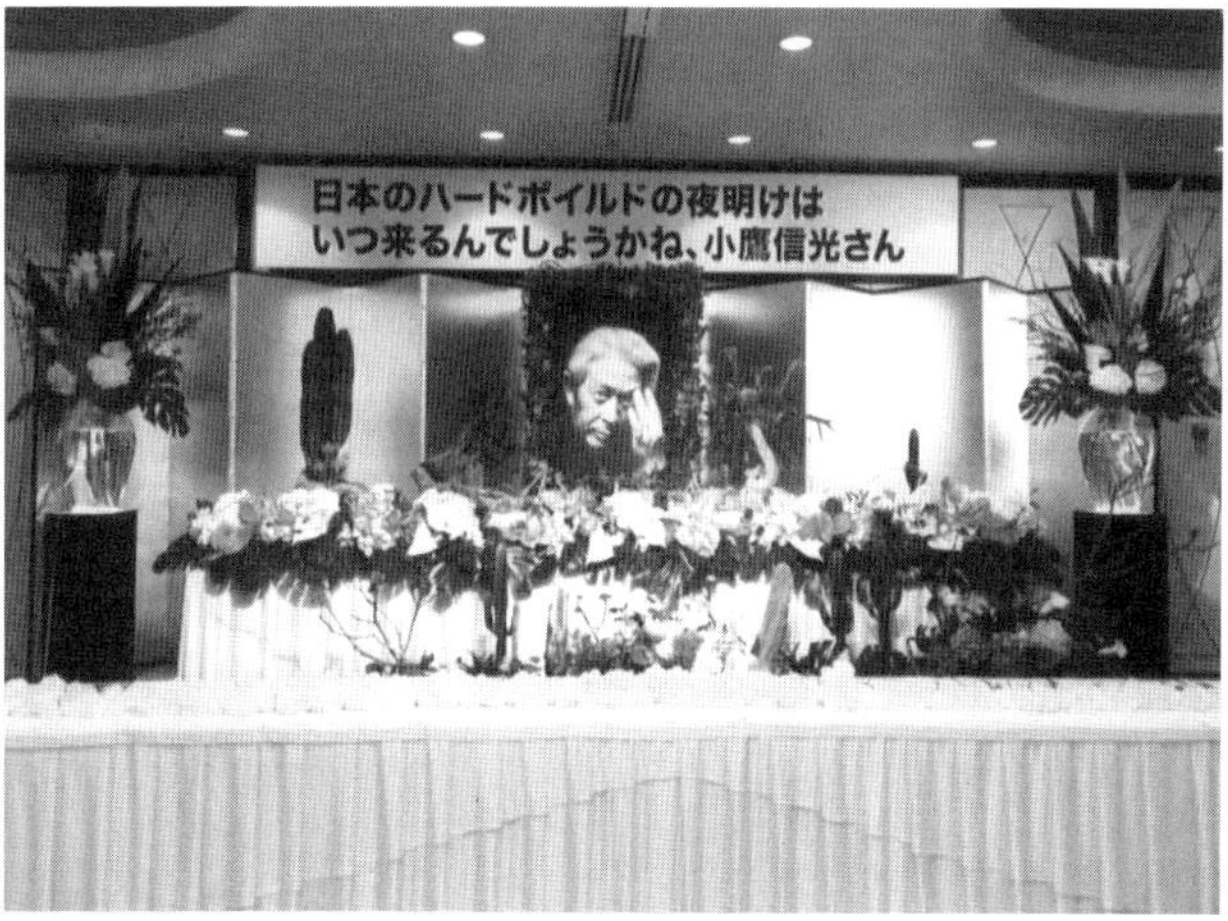

出版社が開いた「小鷹信光を偲ぶ会」の会場写真

サインペンで書かれた独特の小鷹メモ（数百枚がの遺されていた）
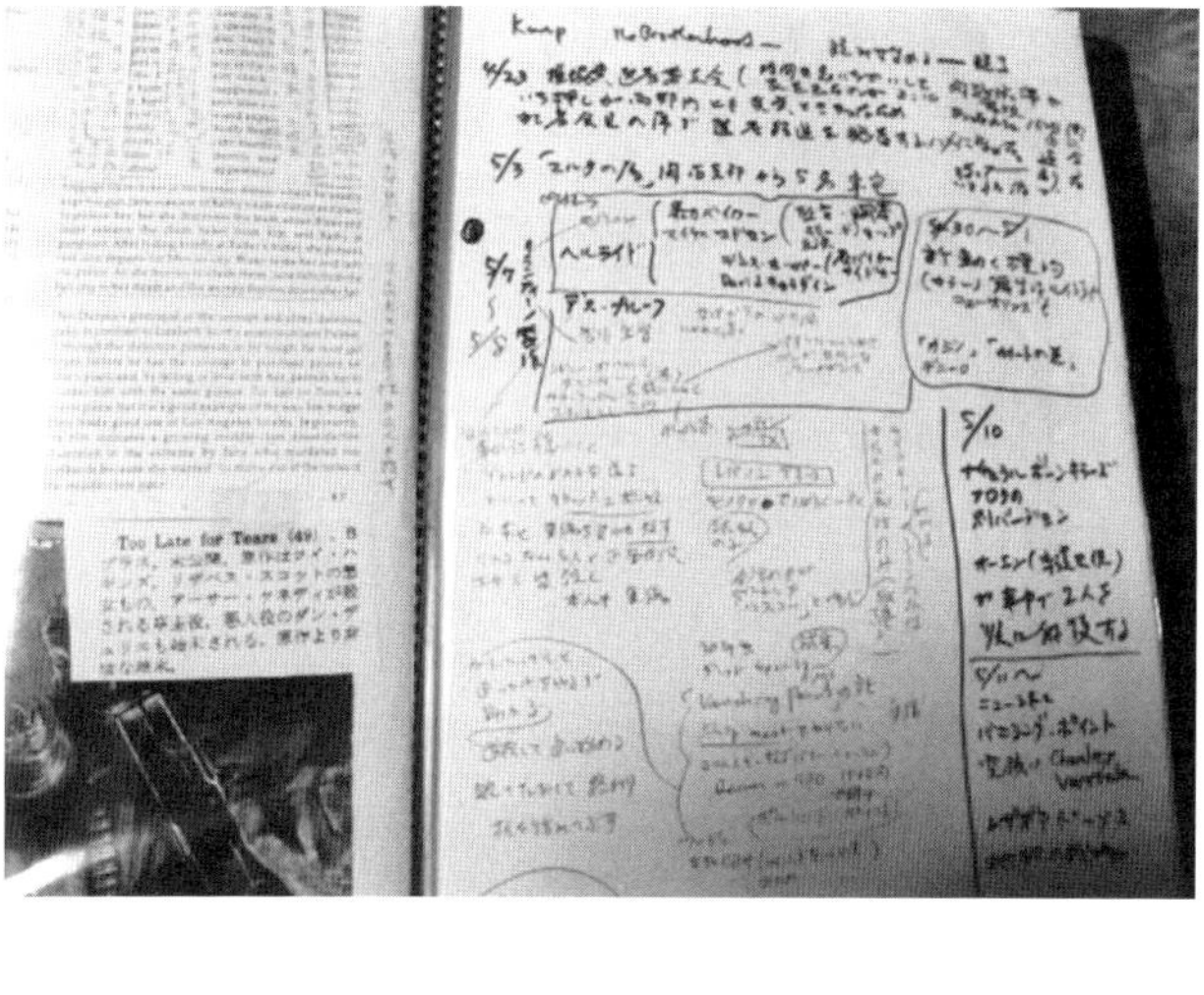

没後の一六年三月、早川書房主催の「小鷹信光を偲ぶ会」が明治記念館で開かれた。友人知人やミステリーファンなど二〇〇人以上が参加した。参加者全員に世界最高のハードボイルド・ミステリー誌『小鷹信光ミステリマガジン』が配られた。小鷹が生前最後の仕事として通院しながら編集、執筆にあたった。対談や本人のエッセイ、関係者の思い出話など盛りだくさんで、参加者へのメッセージが込められた追悼特集号であった。小鷹信光（中島信也）さんを偲ぶ会事務局が発行した非売品で参加者たちを感動させ、喜ばせたのである。

追悼特集号の「編集後記」で小鷹は、「この半世紀に私は一五本の連載に投板しました。長さだけなら中日の山本昌投手にひけを取りませんが、勝率はどれぐらいだったのでしょうか。判定は読者の厳しい採点にお任せするしかありません」と記した。編集者として関わったミステリー研究家の松坂健は「本業の翻訳をはじめ、パロディから旅行記まで何を書いてもエビデンスを追求し、挙証責任を果たそうとする執筆の姿勢が彼の文章を何年経っても腐らせないでいる」と語る。また、評論家の滝本誠は「上品で完璧な亡くなり方をした人。彼が見せた気配り、資料配りの委細が上手な死でもあった」と惜しんだ。

※『私のハードボイルド　固茹《かたゆ》で卵の戦後史』（小鷹信光著）、『小鷹信光ミステリマガジン』を参考にしました。

8

さねとう　あきら

創作民話と民話劇の巨匠

（劇作家、民話作家）

さねとうあきら　本名、実藤 述
一九三五年（昭和一〇）一〇月一六日〜二〇一六年（平成二八）三月七日。享年八一歳。東京都生まれ。早大中退。七二年、創作民話集『地べたっこさま』が日本児童文学者協会新人賞と野間児童文芸賞を受賞。以来、創作民話の新たな方向性を開拓。七三年に発表した『わらいおおかみ』が部落解放同盟から撤収要求を受け、一〇か月にわたり論争が続いたが、逆質問状を出すなど対抗。和解する。著書は『東京石器戦争』など多数。

疎開先で原爆の閃光を目撃

民衆の中から生まれ、語り継がれてきた民話を創作し、新たな境地を確立した民話作家、さねとうあきら（本名、実藤述）は東京で生まれたが、四〇代から埼玉に定住。創作民話や民話劇の市民への指導で貢献した。五人兄弟の三男坊。父親の恵秀は中国文学者で早大教授だった。軍国教育の絶頂期だった六歳で国民学校に入学したが、教師から一方的な暴力を受ける。学校になじめず、休学する。その年の一二月、米軍機による東京空襲が激しくなるため、父親の親族を頼って広島県の農漁村に疎開した。

一〇歳で迎えた八月六日、広島原爆の閃光を峠越しに目撃する。終生忘れられない強烈な体験が、のちの「反戦平和」や「反権力」という文学の姿勢につながっていく。一五日の終戦記念日は、昭和天皇の玉音放送を聴くことなく、黙々と畑を耕した。翌年、家族と焼け野原の東京に戻ると、小学校五年生として編入した。新しい歴史教科書「くにのあゆみ」を開き、冒頭の石器時代の記述を読んで初めて戦後を実感したのだった。一三歳で新制中学に入学すると、学生服姿の教師と生徒が天皇の戦争責任について白熱の討論をするなど、民主教育の先駆けとなる授業を受ける。演劇部に入ると、多様な才能を結集する総合芸術の魅力に取りつかれた。早大高等学院を経て、早大文学部演劇科に入学したが、学問本位の雰囲気になじめなかった。居住地域に中学時代の仲間を集め、演劇研究会を結成。地域に密着した「民話劇」に取り組み各地の子供会で公演した。一方、人形劇の公演にも関心を持ち、観客と子供たちが一体となった芝居作りの面白さにのめり込んでいく。

早大を中退し、児童劇に打ち込む

授業がおろそかになったため、二三歳で早大を中退した。街中に一万円札が登場し、テレビでは「月光仮面」や「事件記者」が人気を集めていた。大学を中退後、児童劇で主導的な役割を果たしていた劇団「仲間」の演出部実習生として入団。全国各地を巡回公演するなかで、反応が素直なうえ、感受性の鋭い子供たちを観客にする児童劇に引き込まれた。以来、児童相手を男子一生の仕事にする決意を固めるのだった。二六歳の時、才能が開花する。初の書き下ろし児童劇『ふりむくなペドロ』を劇団「仲間」で上演する。メキシコ革命のもと、路上で暮らすストリートチルドレンたちが、盗みや泥棒をしながらも子供なりに、たくましく生き延びていく内容が評価され、厚生大臣賞に輝いた。

これまで、劇中の良い子の善行に見慣れていた児童劇関係者は当惑したが、悪に手を染める子供たちに視点を当てた内容が観衆の親子や教師たちに共感を与えたのだった。二〇代の後半に見合い結婚する。自宅を留守にし、地方回りの生活が続いた。この受賞で力を得ると、日本各地の風土に根差した民話を児童劇向けに創作した。民俗学者の柳田国男が岩手県を舞台に創作民話として試作した『遠野物語』を公演しようとしたが、採算性を重視する劇団が反対したため、新たな試みは上演できなかった。しかし、一九六三年、仙台シティバレエ団から「創作民話バレエ」の台本を依頼され、山鬼と盲目の村娘との愛とロマンを描いた創作民話『石楠花姫《しゃくなげはなひめ》』を書きおろし、話題を呼ぶ。のちに創作民話の代表作となる『べっかんこオニ』の原形だった。

六〇年代は民放テレビの文芸部員として教育番組で活躍する一方、創作児童文学を大量に読み、子供の読書傾向などを探り劇団の演目を増やすことに務めた。この経験がのちの児童文学への転身につながっていく。

創作民話集でダブル受賞

七〇年代に入ると、演目の方向性などを巡り劇団首脳部と対立し、一〇年余を過ごした劇団「仲間」を離脱した。半失業状態となったが、これまで温めてきた創作民話を次々と書き上げた。児童文学としての評価を得るための挑戦だった。そして七二年に発表したのが創作民話集『地べたっこさま』(理論社)だった。次のような巻頭詩で始まる。

人が死ねば、地べたっこさまになる。
とりも花も虫も木もけだものも

みんな死ねば、地べたっこさまになる。
そして
春は、山ツツジの花をさかせ
夏は、あおいイネの穂をそだて
秋は、柿の実をあかくそめ
冬は、カエルをだいてねむる。
山は、地べたっこさまのかたまりだ。
だから、てかてか月の照るばんには
どこかわからない山おくから
ずおん、ぞおおん、と
地べたっこさまのこえがきこえる。
地べたっこさまはおしゃべりだ。
うれしいはなしつらいはなし、
かなしいはなしゆかいなはなしを
めいめいかってにするもんだから。

出版と同時に評判を呼び、日本児童文学者協会新人賞と野間児童文芸賞のダブル受賞となった。その後も『ゆきこんこん物語』や『なたねおりひめ』を矢継ぎ早に出版。創作民話に新たな方向性を示して知名度を高めていく。

部落解放同盟と渡り合い、要求を拒否

七三年に出版した民話絵本『わらいおおかみ』（さねとうあきら作、井上洋介画）が社会的な問題に発展した。民話の古典『聴耳草紙《ききみみそうし》』に収められていた「あさみずの里」と「狼石」を素材に、さねとうが自由に発想した創作民話だったが、翌年になって、福岡県の部落解放同盟田川地協から作者、画家、出版社の三者に対し、作品の即時撤収を要求する書状が送られてきたのである。

理由として、物語の背景となった地理的条件が被差別部落と酷似しており、「人殺し」「人間の皮をかぶったけだもの」の表現は古来、部落民に投げられた言葉であるというものだった。

死助谷にあったという「どろぼう村」は、旅人が一旦迷い込んだら生きては出られなかった。夜のうちに村人に殺され、遺体は谷間に放棄されて狼の餌になった。ある時、この村に癩《らい》病の老婆がやってくるが、村人は身ぐるみはぐ気もおこらず、狼が集まってくる廃寺へ追い払う。その夜、廃寺のあたりから狼の声が聞こえ、老婆の姿は見えなくなったが、その日を境に、狼が人家を襲うようになる。怒った村人が狼狩りをすると、狼の巣には老婆がいて「狼だって助けてくれたのに、人は自分を殺そ

うとする」と訴え、巣の中の子供の狼を守るため「お前たちは、人の皮をかぶったけだものだ」と大声で笑いながら全身に銃弾を受けて死ぬという内容だ。

「わらいおおかみ事件」として話題を集めたが、さねとうは筆者の立場から十分な討論なしの撤収要求は納得できないと逆質問状を出して抵抗した。一方、被差別部落の現状を理解するため、自分の判断で福岡、熊本、長崎の部落解放同盟支部を回り、その地域の住民たちから聞いた話を素材に創作民話を作り同盟の機関誌に連載した。のちに、『猪《いのしし》の宮参り』『福餅天狗餅』などとして出版。これらは、解放教育を推進する教材として活用された。『わらいおおかみ』は論争の解決後、増刷されることなく絶版となった。解決まで一〇か月を要した結果、七五年九月、解放教育研究所の斡旋で関係する三者と解放同盟の関係者が直接話合い、著書は撤収されることなく円満解決する。以後、さねとうは事件をきっかけに、自作に対しては、仮に作者の本意に反して誤解誤読されてもそれは、作者の責任であると考えるようになった。この事件を教訓に、書かれる側の人権に対する配慮を一層深めたのであった。

七四年には、『地べたっこさま』に登場する最底辺の人々の原像を東京・山谷のドヤ（貧しい人が住む簡易旅館）街に求め、自らドヤ街にもぐり込んだ。同年に出版した絵本『むぎひとつぶ』では汚染した地球環境からの脱出を民話的手法で描きＳＦ風の絵本にした。七五年には、非力ながら必死に戦争に参加した疎開児童を主人公に戦争責任を追及した『神かくしの八月』を発表。創作民話という新ジャンルを開拓、定着させたのだった。

筆者が、さねとうに会ったのは、大活躍の時期で東京から所沢に転居して一〇年近く経っていた。小太りの体と柔和な目が子供の目のように澄んでおり、話し方が丁寧だった。「小学校の頃、体が小さくて運動神経がめっぽう悪い。いじめっ子の標的にされ、登校拒否をくりかえしました。越境入学した中野区の中学で、演劇の楽しさを知りました。引っ込み思案でも、役割があることが何より嬉しかったのです。他の仲間が、王だ長嶋だと草野球に夢中になっていた時、僕はチャップリンになりきって演劇を楽しんでいたのです」と昔を振り返り、劇の主演ばかりか、演出から脚本までも手がけたことを懐かしがった。

さり気なく自分の顔を切手にして友人、知人に送っていた

そして、私の作品づくりの原点は、疎開先の広島で原爆の閃光を目撃したことにあることを強調。「いつも弱者の味方であることを忘れないでいます」と言い切った。自作の感想については、「演劇の最前線で学んだことが財産になっており、子供たちの心理や生理が生きていること。一行一行書きながら、劇場の子供たちならどんな反応を示すだろうかと考えているのです」と笑った。できた「作品の第一読者は愛妻」と言い、「小学生の息子と娘がいるが父親の作品には無関心です」と語っていた。

四〇代での創作活動は意欲的で、古代大和朝廷と、東北から北海道にかけて住み、中央政権に従わなかった蝦夷《えぞ》との討伐戦争を、蝦夷側に立ち、異文化の衝突としてとらえた『赤いシカの伝説』では民話の手法に初めて古代を取り入れた。また、人間に決して懐《なつ》かない野性味のあるニワトリと懸命に関わろうとする子供たちを描いた『ジャンボコッコの伝説』では動物愛の物語に、ペットにならない頑固なニワトリを取り上げた。民話の世界に新生面を開いたことが評価され、小学館文学賞に輝く。八五年には、一〇年の歳月をかけて取り組んだ『東京石器人戦争』が、文明と大自然を対峙させ現代人の生き方を根本的に問い直すテーマとして評価され、サンケイ児童出版文化賞を受賞している。

その後はしばらく、出版から遠ざかり、創作劇が比較的自由だった関西圏を活躍の舞台に移した。『ウメコがふたり』は、戦時中の子供の視点で天皇を見つめた傑作として注目され、のちに東京・芸術座で足かけ二〇年にわたり長期公演となる。オペラ台本『べっかんこ鬼』、人形劇台本『愚直なる兵士シュベイク』など執筆分野は幅広く、二〇〇四年には水木しげる原作の『のんのんばあとオレ』の戯曲も担当し、斉田喬戯曲賞を受けている。

晩年は所沢と狭山市民に貢献

　さねとうの精力的な活躍のなかで特筆されるのは地元埼玉への貢献だ。一六年住んだ所沢市では教育委員も務めた。また、市民を対象に民話講座も実施。積極的に市民と関わり、地元に根差した民話の発掘と創作民話を自分で書くことを呼びかけた。自ら取材と創作のためのメモを公開。身の回りから昔話や伝説を地元の長老や文献から正確につかむため録音、録画を勧めた。そして、あくまでも現場に立つことを強調した。景観が変わっていても、その場に立ち、天の高さを確かめておくだけでも、空想を広げられることを強調した。そして、断片的でも集めた話をいくつか組み合わせ、民話を尊重しながら批判を加え、時代の息吹を吹き込んで意欲的に作り直す手法を公開したのだった。

　市立図書館や公民館で企画された民話講座には、主婦らが参加し盛り上がった。〇四年、小手指公民館での講座の参加者有志で民話創作グループ「みみずくの杜」ができた。「風土の心を表現するために民話というジャンルがある。いざ創り、語り広めよう」というさねとうの言葉に動かされた元教員の女性や自営業の男性など七人が月一回、自分たちが地元で取材し書き上げた作品を持ちより批評しあった。自主的な活動に市からの援助はなかった。さねとうは謝礼なしでメンバーを励まし、全員の作品に目を通し、添削し助言した。大部分は子離れのすんだ主婦だったが、創作民話の重鎮の熱心な指導でみるみる作品数を増やしていく。

〇六年、七人の男女メンバーが書いた『幻の河童言葉』など六編を集めた第一集ができ上がった。

一三年の第七集の記念号では、さねとうが内容の出来栄えをたたえ、実力がついてきたことから他流試合として雑誌などへの応募を勧めた。だが一五年九月、市民有志による創作民話集は、さねとうの死を機に第一〇集で終刊。追悼号となった。一〇年続いた民話集には興味深い七〇話が収められている。これらの作品を市民の朗読グループが子供たちに朗読した。創作民話集は図書館に保管され、公開された。

「みみずくの杜」の世話人代表で元公民館職員の原緑は「素人だけに、三集出せればいいと思っていたが、一〇集も出せたのは、先生の熱の込もった指導と励ましのたまもの。謝礼なしのうえ、段ボール四箱分の児童書を図書館に寄贈していただいた。また、薄墨の達筆な手紙をくださる気持ちの優しい方でした。仲間との懇談会では、文化功労者に選ばれたいね。終身年金がもらえるから苦労をかけた妻に楽をさせたい、とも話していました」と語る。グループは解散したが、数人は今も書き続けている。

さねとうが所沢から離れたのは、八六年、五一歳の時だ。自宅が蔵書の重さで床が危険になったため、地価の安い隣の狭山市に転居し、終の棲家とした。五畳分の書庫の本棚を可動式にし、二階建ての自宅は自分で設計した。雑木林が多く、武蔵野の面影が気に入っていた。庭にはヒヨドリやシジュウカラがやってきた。

狭山市に転居してから市民大学の講師として狭山に残る民話を大切にすることを訴えた。自ら息子の車に乗せてもらい民話の舞台を取材して回った。多くの民話を見つけ、岩手県遠野地方に伝わる

『遠野物語』のように、狭山を民話の宝庫にしようと訴えた。「市民文芸さやま」の選者としても活躍。九一年、市民の提案から朗読劇「この子たちの夏」の脚本、演出、指導にあたった。広島、長崎の被爆者が残した手記と詩だけで朗読劇にしたもので、出演者を市民から公募すると小学生から七〇代まで一〇〇人近くが応募した。抽選で選ばれた市民が朗読し、市民会館での公演は大成功を収めた。

さねとうが愛用していたパソコンと座椅子

九四年には、狭山市同和問題講演会で自身の『わらいおおかみ』事件を取り上げ、「関東の人は差別に疎《うと》く、冷淡を通り越して無関心であることを実感した」と反省を込めて語っている。二〇〇〇年には、市文化団体連合会からの依頼で第一回狭山市民芸術祭の創作ページェント劇『狭山いま昔』を執筆、演出した。昔の合戦場面は地元小学校の生徒たちが騎馬戦で表現した。地元への貢献を通して市民との交流が強まっていく。

一四年、七五歳の時、体の変調を訴える。動脈瘤が三つ見つかり、糖尿病も患っていた。しかし、体調の悪さを見せず、『さやま民話風土記』の台本を書き上げ，第一〇回市民芸術祭で上演した。「遠野物語を狭山にも」という夢、ホンモノの民話を根付かせようと骨身を削って貢献している姿に市民も反応して盛り立てた。民話のほか狭山の川、道、坂、森を盛り込んだ『狭山ふるさと音頭』も作詞、作曲している。

♪秩父連山川面に浮かべ
流れ下って笹井ダム
豊水《とよみず》富士見の橋桁洗い
流れは尽きず入間川
あぁあ　狭山ふるさと
川のまち

遺された三冊の創作ノート

一五年六月、さねとう作品の集大成ともいえる「さねとうあきらの世界」の一一月上演が市民会館で決定した矢先、動脈瘤の手術のため狭山市内の病院に入院した。当初、一一か月ぐらいの予定だったが、ドクターストップで面会謝絶に。健康自慢だったが、所沢在住のとき、執筆活動による過労や父親の死、

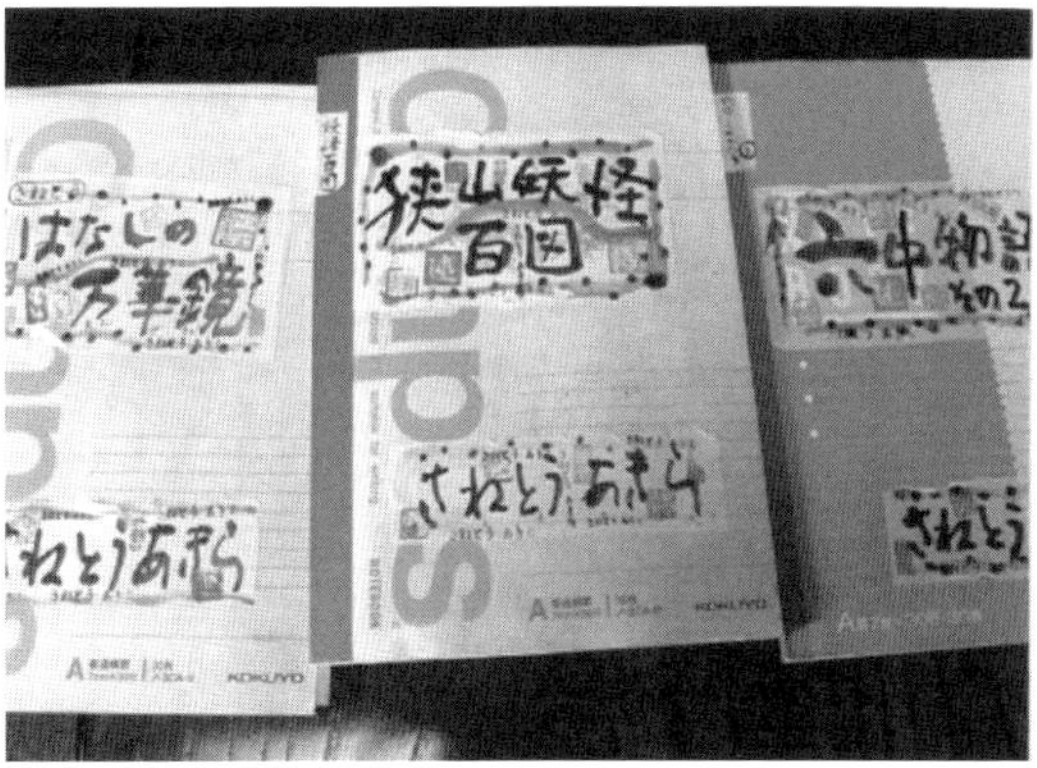

書斎に遺されていた創作ノート。３作品が同時進行で書き進められていた

狭山市民会館で行われた偲ぶ会の劇で、巨大なスクリーンに映し出された遺影

世界劇作家会議での渡仏などが重なり、体は悲鳴をあげていた。そして、頭部動脈瘤の手術や、心臓の手術を受けていた。タバコをやめ食事制限をするなどして苦境を乗り切ってきた。遠出を避け、ツエを頼りにしながらも活動を続け、書斎ではパソコンに向かうほど元気だった。

今回の頭部動脈瘤では、狭山市内の病院に入院、手術は余病も併発して重症化した。人工血管を着けた部分に血栓ができ、肺水腫になり一週間、目が覚めない状態が続いた。気管切開し、普通病棟に戻ったが声も出せなくなった。二四時間の人工透析や人工呼吸をし、病状は一進一退の状態が続いた。妻子が最後まで見守ったが、退院できぬまま、翌年三月、肺炎のため息を引き取った。

故人の希望で浄土真宗に従った葬式には家族だけが参加。東京・小平のメモリアルガーデンに眠る。戒名は自分が節約のため考えていた「釈述法」の三文字だけ。書斎には『話の万華鏡』『狭山妖怪百図』『六中物語』のタイトルが書かれた三冊の創作ノートが残されていた。『狭山妖怪百図』は、狭山市在住の作家、池上昭次の提案で二人で創作する試みだった。三冊とも同時進行で書き進められていたが、一話もできぬまま天国へと旅立った。

長年、夫の活動を支えてきた妻の直ヱは「三冊のノートは本人にとって無念だったと思います。戦争は大人に騙されてやってしまったのだから、大人の責任は生きている限り負わねばならないと、日頃から言っていました。大人に騙《だま》されず、自分の才覚で生きなさいと言いたかったので子供相手の仕事をしたのです」と言い、都内の保育園副園長の長男、未紀雄は「強い者、権力に屈しない姿勢や弱い者の味方をする生き方には敬服していました。亡くなる前、手術は失敗だったのではないかとただすと、『それは言うな』と返答しました。運命だと、他人を傷付けたくない父の気持ちの表れだと思いました」と語った。職場には父親の著書が備えられており、子供たちに読み聞かせることもあると言う。

没後から三か月たった七月、狭山市文化団体連合会有志による「さねとうあきら先生を偲ぶ会」が市民会館で盛大に行われた。中学時代の同級生や仲間の児童文学作家らの追悼の言葉があり、狭山童句振興協会長、広沢一岐の講話「さねとう作品と世界観」の後、さねとう作曲の『天国手まり唄』を参加者全員で合唱、長女の実藤ひかるが父親の代表作『おせんクジラ』を朗読した。

さねとう作品の講話をした広沢は「詩の吉野弘、童話の土家由岐雄先生に続き創作民話のさねとうあきら先生は狭山市が文学の指導者としてお世話になった大恩人でした。市民は、『狭山妖怪百図』の完成を楽しみにしていただけに残念です。伝承世界と現代社会をつなぐ仕事をこの地で亡くなるまでされていたことに敬意を表し、市民として誇りたい」と語る。また、長年にわたり民話劇や戯曲の演出を手伝ってきた元狭山市文化団体連合会長の横山千枝子は「人間の奥底にある清濁や善のなかにある悪、悪のなかに顔を出す善。さらにその奥にある力強い優しさなどを丸ごと自分の信念に基づいて表現している方だと思った。志半ばの死が悔やまれます」と巨匠の死を悼んだ。

9

田部井　淳子

（登山家）

世界の山を愛した超人

田部井淳子（たべい　じゅんこ）（旧姓、石橋）
一九三九年（昭和一四）九月二二日～二〇一六年（平成二八）一〇月二〇日。享年七七歳。
福島県三春町生まれ。昭和女子大英米文学科卒。社会人の山岳会で本格的に登山活動を開始。六九年、女子登攀クラブを設立。七五年、エベレスト日本女子登山隊の副隊長兼登攀隊長として世界最高峰のエベレストに女性世界初の登頂に成功。山岳環境保護団体を設立し代表に。九二年、女性で世界初の七大陸最高峰の登頂者となる。晩年は東日本大震災で被災した東北の高校生の富士登山を企画、実現させる。ネパール国最高勲章、内閣総理大臣賞、福島・埼玉県民栄誉賞など受賞。著書は『タベイさん、頂上だよ』など多数。

生い立ちから学生時代

淳子が生まれ育ったのは、福島県中央部、阿武隈山系の郡山市に隣接する田村郡三春町である。梅と桃と桜が一度に咲くので三つの春と書いて三春町といわれている。内陸性の気候で、冬の積雪量は少なく、夏もあまり暑くない。江戸時代は野生の馬がたくさんおり、三春藩は良い馬に改良し、貧しい財政を立て直した。民芸品の「三春駒」は名産品の一つ。三春滝桜は日本三大巨桜として国の天然記念物に指定されており、観光客の人気を集めている。

実家の石橋家は裕福な家庭で、父親は印刷会社を経営していた。体格は小柄だったが、七人兄姉の末っ子として何不自由なく育った。家族から可愛がられていたが、幼少期から運動嫌いの虚弱児で、何よりも運動会が大嫌い。とりわけ、仲間と優劣を競う徒競走が苦手だった。小学校四年の時、担任の教師に誘われ、那須の茶臼岳や朝日岳に登ったのが初めての登山だった。登るごとに、見える景色の違い、澄んだ空気、小鳥の鳴き声、空の美しさに感動した。何よりも一歩一歩登った先に頂上があるのが最大の魅力だった。

地元の中学、高校を出ると、就職や進学で東京に行った兄や親せきにあこがれ、東京へ。英語が好きだったこともあり、世田谷区の昭和女子大学英米文学科に入学する。しかし、慣れない都会生活で体調を崩し、郷里に戻って一時期、療養生活を送ることになる。再び大学にもどった時に旧友から奥多摩の、御岳山への山登りに誘われたことをきっかけに、山に親しむようになっていく。大学を卒業すると、日本物理学会に就職し、学会誌の編集を担当した。社会人山岳会にも入会し、冬山、岩登りと本格的な登山にのめり込んでいった。

谷川岳の恋

いつしか、週末になると上野発新潟行きの夜行列車に乗る回数が増え始めた。「夜討ち朝駆けの週末登山」である。とりわけ、最前部の車両には各地から集まった企業の山岳部員がいた。谷川岳一ノ倉沢の一番乗りを目指す先鋭的なクライマーたちに陣取られていた。回数をかさねるうち淳子は、穂高岳や谷川岳一ノ倉沢のロッククライミングにも熱中し、より高度の技術に磨きをかけていく。

一九六五年、佐宗ルミエ（のちに山で事故死）とともに、女性ペアによる冬季初の一ノ倉沢中央稜の登攀に成功していた。小柄ながら冷静沈着で敏捷性にすぐれていた。一つの山としては世界で最も遭難死が多い谷川岳に恐れも知らず、挑戦していたのである。当時、女性のクライマーは珍しく元祖、山ガールでもあった。

そんな淳子は、ある日、一ノ倉沢の南陵ルートで一人の男性クライマーと出会う。夜討ち朝駆け谷川登山の常連で、ホンダ技研山岳部明和会の田部井政伸だった。群馬県の出身。中肉中背。山焼けした顔は精悍《せいかん》で、筋肉質の体は共通していた。自分より二歳若く、名前と顔こそ一致しなかったが、「今日も最前部の車両に「タベイという名のクライマーがいる」程度のことは聞いていた。初対面は山の雪渓で作った氷あずきをごちそうになった時だった。それから間もない六五年五月、尾瀬の山歩きの帰途、ぎゅうづめのバスの中で、隣り合わせで再会する。二人は登山の話でもりあがり、やがて恋仲に。政伸の仲間たちと一緒に岩登りの練習をかね、鷹取山の石切り場に行った。この時、二人は示し合わせることなく、偶然にも大切にしていた製造元も同じ真っ赤な純毛のカッターシャツを着て出かけ、みんなを驚かせたのである。

二人は赤いシャツで結ばれていたも同然に、二年ほどの交際の後六七年、結婚にこぎつける。淳子の父は大学時代に他界していた。当初、長唄や三味線もたしなんだ母親が「結婚は家同士が行うもので、娘の相手は官庁や銀行勤めの堅い人が絶対条件」と反対したため一筋縄ではいかなかった。しかし、政伸は淳子の実家に行くたび、マキ割りなどの力仕事を黙々とこなし、家族の理解に努めた。ついに、淳子の母親も政伸の礼儀正しく、真面目な性格を見込んで結婚を認めたのである。結婚後の二人にとって週末ごとの登山が勤務の延長にあった。谷川岳一ノ倉沢の衝立岩滝沢スラブ、コップ状岸壁などの難所を協力し合って攻めた。切磋琢磨し、登山技術の多くを谷川岳の難所で学んだのである。山は険しくても登りきると喜びに変わり、谷川岳こそ、二人の出会いの場であった。

夫が先に欧州アルプス北壁登頂

簡素な結婚式を都内の私学会館であげた後、二人はリュックを背に新婚旅行を兼ね屋久島へ出かけた。都内豊島区の六畳一間のアパートで新婚生活がスタートする。二人にとって趣味としての登山は生活の一部だった。カレンダーに日程を早く書き込んだ方が、先に出かける権利を得た。結婚翌年の六八年、政伸は職場の山岳部を代表し、日本登山海外遠征研究会の一員としてヨーロッパアルプス三大北壁を目指す隊員に選ばれた。限られた期間内にマッターホルン（四四七八メートル）、グランドジョラス（四二〇八メートル）、アイガー（三九七〇メートル）の三壁に一シーズンに登頂する試みだった。谷川岳で鍛え、絶壁に強い政伸は果敢に挑戦し、マッターホルンとグランドジョラスの二つの壁の登頂に成功する。しかし、足の指の四本を凍傷で切断する重傷を負った。ヨーロッパ三大北壁の二つの壁を一シーズンに登頂するという快挙だった。世間では、危険が伴う登山に対し「生産性がない」などと批判する声もあった。

翌年の六九年、今度は淳子に海外遠征の好機が訪れる。「女性だけで海外遠征を」と発足した女子登攀クラブの一員として女性だけ九人の「アンナプルナⅢ峰（七五五五メートル）登山隊」を編成したのだ。理解ある職場に恵まれ、長期の休暇を確保することもできた。そんな時、「日本百名山」などの著書で知られる登山家の深田久弥が助言してくれた。隊員たちの間に「日本人が未踏の山に男より先に登ってやろう」との意欲がみなぎっていた。

クラブ発足から一年後の七〇年五月、淳子は選りすぐりの隊員の登攀隊長としてアンナプルナⅢ峰の登頂に成功する。女性初、日本人初の快挙だった。ベースキャンプとの無線連絡は入るが、日本への連絡は専任として雇われたネパール人が三、四日かけて登頂成功の情報を徒歩でネパール政府に届けた。情報は、日本外務省から新聞各社を通じ、政伸が待つ自宅に伝わったのは一週間も後のことだった。当時は二六歳、まだ子供はいなかった。

妻の留守中、川越に新居を確保

留守中の政伸は、川越市郊外の新河岸に購入していた七三坪の宅地に平屋建ての新居を淳子が遠征中に建設し、帰国の前に引っ越していたのである。淳子の快挙は日本人女性初として報道された。一躍、女性の地位向上に影響を与える。とりわけ、これまで「女性には無理」と思われていた考え方を変えさせるきっかけとなったのである。

女性だけの海外遠征登山について淳子は「着替えもトイレも気楽なものよ。男と一緒だったらこうはいかない。男性との混成チームと比べ、体力や体格の差が少ないためペースの配分がしやすい。少しのミスが命取りになる登山では、女性だけということが強みにもなる」と言い切る。同時に、「隊員が九人いれば、全員が登頂できないことも多い。体調やメンタル面からその時、最高にすぐれた人間が頂上へのアタック隊員に選ばれる。アクシデントが発生した時、隊員を責めることより、今一番、どうしたらいいかを即座に考えられる人が必要な人材だと思う」とも語っている。驚くことに同年には、イラン最高峰のダマヴァント（五六七一メートル）にも登頂している。危険が伴う高山を危険に対応できる技術や知識でカバーできるようになっていたのである。

川越の自宅での淳子は会社を退職していたが、講演や著書などを通じ、山の魅力を伝えると同時に「私はまだ見ていないものを見たい。だから、いつも次のてっぺんに登ることを考えている」と伝えるなど、持ち前の好奇心に加え、登山への意欲を強めていく。政伸は相変わらずホンダ技研に勤め、山岳部に所属していたが、ヨーロッパ北壁登頂の際に負った凍傷のため危険度の高い冒険につながる登山は控えるようになった。

企業は軒並み資金援助を拒否

ついにその時がやってきた。女性だけでエベレスト登頂を計画し、七二年、ネパール政府に申請していた登山の許可が下り、淳子は「エベレスト日本女子登山隊」の隊員に選ばれたのである。当時、一シーズン、一パーティーしか許可が出なかった。隊員たちは手分けして企業を回り、懸命に資金協力などの支援を訴えた。しかし、「男たちにも無理な世界最高峰を女たちが登るのは無謀過ぎる」と相手にしてくれない。「女性は家を守りなさい」と説教する社長までいた。当時のエベレスト遠征費は総額で四三〇〇万円。自己負担は一五〇万円かかった。準備期間として四年を要した。荷物を軽くし経費を浮かせるため、野菜や肉の乾燥食品を持参した。女性なりの知恵も導入されたが、予算不足は深刻で、どこにも無駄は許されなかった。

「日の丸」を手にエベレストの頂上に立つ田部井（1975年5月16日）（写真協力：女子登攀クラブ）

そんななか、読売新聞と日本テレビがスポンサーとなって女性だけの登山隊を応援し、女性記者が隊員として同行してくれたのは心強かった。七〇年五月、南東稜からエベレスト登頂を果たした植村直己さんが注意点など、自分の経験をもとに助言してくれたのは参考になり、隊員たちに勇気を与えた。

七四年一二月、淳子は、女性ばかり一五人の副隊長に選ばれると、五〇人のシェルパ分を含め、食糧や酸素ボンベ二〇〇本など一一トン分を横浜と神戸港から送り出す。先発隊として出発する際、長女の教子《のりこ》が生まれており、羽田空港で大泣きされたが、振り返らずに税関に入ったのだった。

留守中の約六か月間に備え、三歳にもならない娘の七五三のお宮参りをすませ、布製のおむつを三百枚も作っていた。政伸と長女の教子は都内に住む淳子の姉の家に居候した。昼間は義姉が教子の面倒をみ、政伸は職場へ直行。帰宅後に代わって母親代わりをしたのである。夫の政伸は妻のエベレスト遠征に対し、「男が登るよりも価値がはるかに高い」と登頂の成功を確信していたのだった。

遭難が一転、エベレストの英雄に

七五年一月、先発隊の淳子ともう一人の隊員を除く残りの隊員一三人がネパールに到着。全員が集結し、五〇人のシェルパと一体になっての、エベレスト登山がふもとからスタートした。五月四日、植村さん同様、南東稜からの登山を目指した。ところが、深夜、六四〇〇メートルの第二キャンプが突然、雪崩に襲われた。淳子は数人の隊員と一緒にテントごと流され、生き埋めになったが、シェルパに掘り起こされた。隊員の大部分が全身打撲だったが士気は落ちてなかった。同年五月七日付けの朝日新聞は「日本女子隊がエベレストで遭難　雪崩で一三人重軽傷」「女性初登頂は絶望的」と伝えた。重軽傷を重くみての報道だった。

　雪崩の翌朝、淳子はベースキャンプの久野隊長から無線で「下山」を勧告される。雪崩のため、このまま頂上を目指すのは無理と判断したのである。このとき淳子は冷静に返答している。「隊員に死者がおらず、一番の重傷と思われている自分も全身打撲ですんでいる。二日間の休養後、登山を続行したい」と主張したのである。一度下山して体制を立て直していたらモンスーンの時期まで時間がないと考えての決断だった。この報告に久野は驚いたが、淳子を信頼して認めざるを得なかった。雪崩の報道に政伸は、「妻が重体でなく打撲なら、強気の性格から最後まで頑張るだろうと思っていた」と後日、語っている。

　そして、好天の七五年五月一六日、淳子はシェルパのアン・ツェリンとともに、世界最高峰のエベレスト（八八四八メートル、ネパール名・サガルマータ、チベット名・チョモランマ）の頂上に立った。世界女性初。身長一五二センチ、四九キロ。何よりも、その小さな体がトランシーバー、食糧、撮影機材など一六キロを超える重量のリュックを酸素ボンベもろとも背負い登頂した姿が世界的快挙として衝撃を与えたのである。エベレストの場合、モンスーンがやむ時期にしか登頂のチャンスはないのだ。それだけに雪崩の後に、下山命令をはねのけて挑戦したことが成功につながった。ヒラリーとシェルパのテンジンが初登頂に成功してから二二年後、世界で三九人目。女性としては世界初であった。

酸素の残量や刻々と変わる気象状況を考えると、頂上にいる時間は最大でも四〇分ほどしかなかった。二人は立っていられるだけの場所を確保し、雪を踏み固めると、お互いを支えあいながら写真を

自宅で娘の教子に琴を弾いて聞かせる田部井

没後の回顧展で天皇、皇后両陛下を案内する田部井一家（昭島市内で）

撮った。登頂の証明に欠かせないためカメラは白黒フィルムとカラーを詰めた二台を使い、八ミリカメラの映像も写真同様、ネパール側とチベット側を撮影した。カメラはシャッターを押すだけですむよう、事前に露出などを調整。動かないようにテープを貼っていた。ところが、フィルムを巻き上げる際、切れてしまい、手袋を外し、素手でフィルを交換している。

カトマンズに戻った登山隊は熱狂的な歓迎を受ける。とりわけ淳子は登頂者として破格の扱いを受けた。ネパール国王から最高勲章を授与され、オープンカーでカトマンズ市内をパレードした。羽田空港に帰国の際はスター扱いをされる。政府要人や天皇皇后両陛下や皇族への挨拶、三木首相との昼食会に呼ばれるなど、家族とも話ができないほどを多忙をきわめた。労働省青少年婦人局の森山真弓局長から「山では何を食べていたのですか」と聞かれ、「軽くてお腹の中でふくれるヒジキばかりを食べていました」と答え笑いを誘った。スポンサーの依頼で一緒に帰国したシェルパのアン・ツェリンを富士山など各地に連れていく仕事もあり、川越の自宅に戻れたのは帰国から二週間も経っていた。

帰宅後も「時の人」としてテレビやラジオ出演が続いた。ベトナム戦争が終結。夏には沖縄海洋博覧会が開かれ、盛り場には「シクラメンの香り」「およげたいやきくん」の流行歌が流れていた。淳子はおごることなく、自然体で主婦をしながら趣味の登山を続ける。講演やテレビ出演を苦にせず、原稿の執筆は早朝、家人が寝ている間に台所の丸テーブルで書いていた。七八年には、長男、進也が誕生し、家族がにぎやかになった。

商業登山を嫌い、登山愛好者を貫く

アルピニストとして世界的に認知された淳子は、エベレストの登頂成功の後、登山に対する考え方を改めた。登山隊の一人として資金集めに奔走した時、「難攻不落」は険しい山ではなく、協賛をお願いするための企業回りだと悟ったのだった。エベレスト以来、スポンサーを探して登山の協賛をしてもらうのではなく、講演や執筆活動による収入で登山することを徹底した。とりわけ、企業から巨費を集めての登山には目を向けなかった。アルピニストや登山家と呼ばれることも望まず、「主婦で登山愛好者」がふさわしいと日頃から語っていた。周囲からは「挑戦」に見える登山も、彼女にとっては自分が楽しむ趣味であった。

筆者が淳子に会ったのは、八一年九月のこと。それは、女性だけの中国領チベットのシシャパンマ（八〇二七《メートル》）登山隊の隊長として女性初の登頂に成功した年だった。八〇〇〇《メートル》峰二座目の登頂成功の余韻がまだ残っていた。目の前にした第一印象は想像以上に小柄なので別人ではないかと思ったことだ。笑顔を絶やさず、話し言葉に福島のアクセントがにじみ、日焼けした顔にたくましさを感じた。飾り気のない普通のおばさんそのもので好感が持てた。地下のある住宅は山小屋を連想させる設計だった。

さらなる驚きは、「運動選手の経験もない。肺活量も普通以下。心電図も格別良くないし、視力も弱い。

私の願いは山に登る気があるかどうかなんですよ」と言う意外な言葉だった。この人のどこに、エベレストの頂上に登る力があったのか不思議だった。当時、午前五時に起き、会社勤めの夫と小学生の娘を学校に送り出すと、三歳の息子を背中におんぶして洗濯。長期間、出かけない時は、近所の子供たちにピアノと英語を教えていた。

「山岳事故に不可抗力はない」が持論。「計画は謙虚で緻密に。気負って登ってはダメ。たとえ頂上にたどり着けなくても、山は逃げません」と笑った。別れ際にシシャパンマ登頂のカラー写真にサインをしてプレゼントしてくれた。当時、すでに五〇〇〇メートル級の海外の山を六つも登頂しており、輝かしい登山歴のなかで世界最高峰の登頂は輝かしい登山歴の入り口に過ぎなかったのである。

生涯に世界の最高峰七六座を登頂

八八年、北米大陸最高峰のデナリ（マッキンリー）（六一九四メートル）を登頂する。尊敬する植村直己さんが八四年に行方不明になった山だけに、懸命になって遺品を探し回ったが見つからなかった。淳子の超人ぶりは、並外れた精神力と強靭な体力、そして好奇心の強さだろう。世界最高峰の登頂記録を見てみると、標高わずか一七三メートルのユディング・スコウホイ（デンマーク）があったり、世界一低い火山として記録されているフィリピンのタール（三一〇メートル）や、南極貯金までして出かけた南極最高峰のビンソンマシフ（四八九二メートル）を選んでいることからも分かる。とりわけ驚かされるのは、五〇代にになっても七〇〇〇メートル級の山を登頂していることだ。

癌で何度も闘病するが、「病気になっても病人にはならない」を自ら実践し、計画した登山は実行。周囲に迷惑をかけることを嫌った。探究心も強かった。還暦を過ぎた二〇〇〇年三月には、六〇歳で九州大大学院比較社会文化研究科修士課程を修了。研究テーマは、「エベレストのごみ問題」。修士論文を書くため現地を二四年ぶりに訪れ、各国登山隊のベースキャンプにおける廃棄物の現状を調査している。

海外登山を続けるかたわら、エベレスト初登頂者のヒラリー卿の提案に呼応し、山岳環境保護団体を立ち上げ、代表になる。世界中の山々を見てきただけに、山をゴミで汚さない運動の先頭に立った。女性初の七大陸最高峰など世界七六か国地域の最高峰登頂を達成している。驚異的なのは四〇歳を過ぎてから死去するまでの三一年間、毎年の海外登山を欠かしていないことである。その中には、西遊旅行との共同企画による登山ツアーも多く、自分の登りたい山を選び、リーダーを務めた。最後の海外登山はインドネシアのクリンチ（三八〇五メートル）で七六歳だった。まさに超人そのものである。

東北の被災地を支援、高校生の富士登山を企画

晩年最後の大仕事は東日本大震災被災者への支援活動だった。原発事故に加え、津波被害で多くの

晩年は、東北の高校生たちの富士登山を率先して推進することに情熱を燃やした（前列中央が田部井）

死傷者を出した郷里・福島県への思いは強く、「東北支援プロジェクト」を立ち上げる。一二年からは、将来の復興の原動力となる若者たちへの期待を込め、被災した東北の高校生を富士登山に招待するプロジェクトを開始。募金を呼びかけ自ら著書の印税を寄付した。毎年の夏の早朝、原ノ町、郡山、いわき市などに集まってもらい専用バスで富士宮ルートから二泊三日の日程で日本一の富士山に登頂する試み。会費は高校生の小遣いで参加できるよう、富士山保全協力費を含め三〇〇〇円。希望者には無償で登山靴やリュック、雨具類を貸与した。

五回目の一六年七月、癌の闘病中だったが、主治医から一時外泊の許可をとって入院先から参加した。前日には溜まった胸水を抜いていた。福島、宮城県内の高校生たち九三人が参加した。この時が生涯最後の登山となった。

七合目（三〇一〇メートル）まで自力で登り、あえぎあえぎ登る高校生たちに「大丈夫？　ゆっくり歩くんだよ。一歩一歩しっかり歩けば絶対に頂上に立てるからね」といつものように励ました。一番つらいはずなのに、いつもながらに気丈にふるまっていたという。没後は、長男の進也が母親の遺志を受け継ぎ、このプロジェクトを続けている。

淳子の癌は、〇七年の乳癌から始まり、一二年の腹膜癌、一四年になると脳への転移と進んでいった。癌とは三度戦ってきたが脳腫瘍が見つかっても内外の二〇か国以上の山に登り、講演もテレビ、ラジオの出演も執筆活動も続けた。抗癌剤による手足のしびれで細かい作業がしにくくなってからは、政伸が台所仕事をはじめ、家事の一切を担当した。

約束した講演やテレビ出演では、政伸が車を運転し往復の送迎をした。後部座席には常時、休めるように布団が敷かれていた。一六年七月、衰弱がさらに進み家族は医師と相談し、抗癌剤の治療を打ち切った。医師は「体調がよければ、日常生活が山登りなのだから山登りにも行ってください」と話している。

その言葉の通り、まだ国内外の登山は続けていた。しかし、淳子は「癌のため痛くなったらホスピスで最期を迎えます。その覚悟はできています」と主治医に手紙を出していたのである。

戒名を望まず家族葬を希望

晩年になって淳子は政伸に「私の葬式は身内だけで静かにすませてね。みんなで食事でもして。子供たちが、無理ならお父さんだけでもいい。大きく報道されるかもしれないけど、その時はうまくやりすごして」と語っていたと言う。

一六年九月、東京・銀座のレストランで「田部井淳子の喜寿を楽しむ会」が開かれた。淳子自身が企画したもので友人知人、登山仲間など、一三〇人が集まった。自ら好きだったザ・ピーナッツの歌を歌い、病気の話は誰にも伝えなかった。エベレストに同行して以来の親友、元読売新聞記者の北村

所沢聖地霊園内にある田部井家の墓。左上に二つの山が刻まれている

田部井淳子の病床での最後のメッセージ

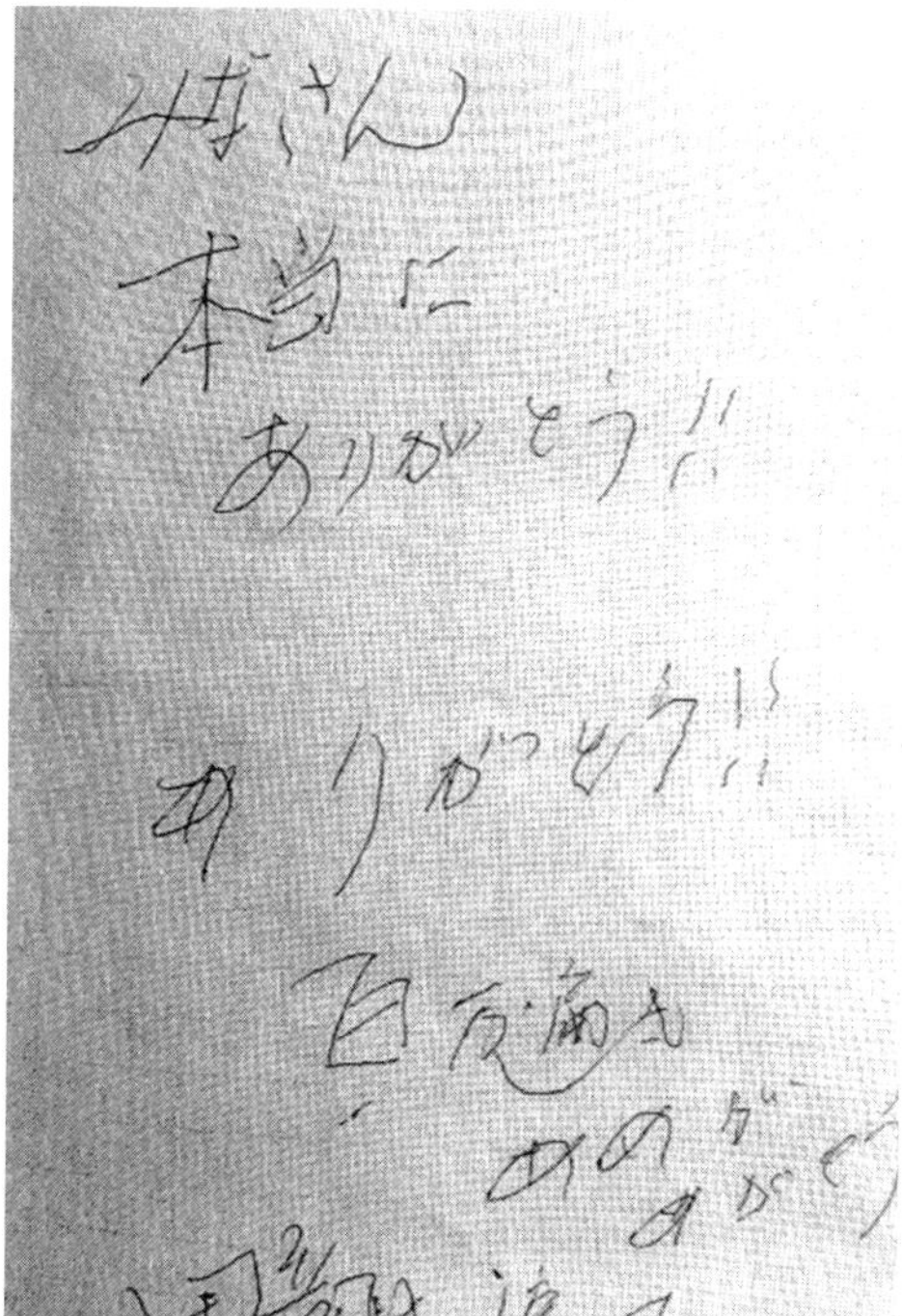

節子が場を楽しく盛り上げた事実上の「生前葬」だった。

同年一〇月、体調を崩すと、生前の希望通り川越市内のホスピスに入った。一〇月一五日、病床の淳子は政伸に紙を要求すると、仰向けになったままで、「みなさん本当にありがとう!!　ありがとう!!　百万遍もありがとう!!」と書き上げた。これが絶筆となった。五日後の二〇日朝、家族に呼ばれ、地方都市にいた長男の進也が病室に到着。「おふくろ、分かる?」と呼びかけると、「うん」とうなずき、言葉は出なかったが、一生懸命何かを伝えようとしていたという。それから三〇分後の午前一〇時、静かに息を引き取った。

本人の希望通り、川越市内で無宗教による家族葬が実施され、家族ら五人だけで見送った。本人の希望で戒名は、ない。棺の中にはエベレスト登頂四〇年記念で作ったTシャツを入れた。墓地は所沢市内の所沢聖地霊園内にあり横長の御影石には「田部井」の三文字だけ。左の上に、二つ山が連なるように彫られている。ここに、未来永劫、誰にも破られることのない記録を持つ超人が眠っている。

※『再発!それでもわたしは山に登る』(田部井淳子著)、『てっぺん~我が妻・田部井淳子の生き方』(田部井政伸著)などを参考にしました。

10

家庭教師と学習塾業界のカリスマ

古川　のぼる

（教育評論家、事業家）

古川のぼる（ふるかわ　のぼる）本名、古川隆

一九三四年（昭和九）一一月二九日～二〇一五年（平成二七）二月九日。享年八〇歳。

東京都生まれ。明治薬科大学卒。薬剤師、業界紙記者などを経て高校教員に。五九年、与野市に学習塾を開設。団塊世代の受験競争を背景に急成長。七一年、全国初の家庭教師の派遣を事業化する。自ら「ふくろう博士」の愛称でテレビ、ラジオに出演し、各界の著名人と交流。参院選に出馬するも落選。与野市内の豪邸、「ふくろう屋敷」には、八〇〇〇点を集めたふくろうの置物などが置かれている。『よい家庭教師、わるい家庭教師』など著書多数。

病弱の少年時代

「ふくろう博士」の愛称で知られ、家庭教師業界のカリスマとしてばかりか、教育評論家としても活躍した古川の職歴は多彩で苦労人だった。東京で生まれたが、子供の頃から病弱なうえ、実家は裕福とはいえなかった。小学四年生の頃、原因不明の奇病にかかり、足が不自由になる。新薬を買い求めたり、名医に診察を頼むなど両親の金銭的な負担は大きかった。こうしたことが、劣等感を強め、引っ込み思案になり、高校進学の直前まで学業に身が入らなかった。補習教室もさぼり、映画館にも出入りした。成績は悪く、父親からは「勉強しないでいいから、家から出て酒屋の小僧にでもなって働け」と叱られた。

太平洋戦争になると、父親の実家のある栃木県に疎開。その後の県立栃木商高への入学が転機となる。高校三年になったある日、悪性の末期癌だった実父の枕元に呼ばれた。「お前は薬剤師になれ。自分のためだけでなく、世のためにもなる。世の中を自信を持って渡れ。人さまにできることが、お前にできないはずはない」と言われた。実父の一言が心に強く響き目覚める。それからは、なりふり構わず猛勉強を繰り返し、一七倍の競争率を突破。明治薬科大に合格したのである。

在学中も勉強に打ち込み、卒業と同時に薬剤師の国家試験も一度でパスした。物理、生物、地学が授業科目になかった商業高校だけに、独学で取り組んだ。たとえ劣等生でも、勉強はすればするほど成果が得られることを父親の遺言で体得したのだった。時代は、皇太子と正田美智子さんが結婚、民間から初の皇室入りに日本中が祝賀ムードに沸き、「ミッチー」が流行語になっていた。

薬剤師を断念、転職に悩む

卒業後、就職先として病院の薬剤師になるか、個人として薬局を開業するか迷った。いずれにせよ薬剤師として、どちらを取るにせよ今後の人生は平凡に思え、将来性のある就職先を探しまわった。思い通りの職場が見つからず一時期、薬剤師として働いたが、大学時代に学友会誌の編集長の経験を生かし医学関係の出版社に就職する。医療ジャーナリストを目指したのである。

張り切って社会人生活を送っていた一年足らずの間に見合いの話が持ち込まれた。相手は埼玉県蕨市内の幼稚園経営者の四女、弘子で都内の短大を卒業後、JR北浦和駅近くの幼稚園の教諭をしていた。実家の父親は、蕨市内の由緒ある寺、三學院の住職で全日本仏教会副会長や埼玉県仏教会会長の要職にあった。二人は教育をめぐって意気投合。短い交際を経て結婚すると、与野市（現・さいたま市）内の畑の中の一戸建ての住宅に住んだ。

出版社の仕事は予想外に退屈で、将棋の駒の「歩《ふ》」のように使われることが性に合わず退職する。生活に困り、コッペパンばかりを食べるドン底生活だった。たまりかねた弘子が実家から三〇万円借りてくると、薬剤師の知識を生かし、「新薬大辞典」を出版した。ところが、売れると思った辞典が売れずに大損害を受ける。古川の独断専行を弘子は嘆いたが、失敗しつつも一生懸命さを評価していたのだった。

六畳一間で勉強会

二〇代も後半になっていた二人は何度も話し合った結果、互いの教育経験を生かし、自宅で私塾の経営を思いつく。一九六二年のことだ。だが、なけなしの開設資金は一万円だけ。二人は挨拶かたがた、土地の古老宅をまわり、頭を下げて生徒募集の手作りチラシを配って歩いた。五〇〇〇円で黒板を買い、残りの五〇〇〇円はチラシ代にした。六畳間の塾を「和光勉強会」と名付け、小、中学生を集めてスタートした。最初は反応が鈍かったが、団塊世代の受験競争を追い風に子供たちが集まりだす。短期間ながら都内私立女子高で理科教師の職を得て貧乏生活から脱却できていた。

勉強会では、一人一人に合った丁寧な指導を徹底。生徒指導では持ち前のアイデアを発揮した。やる気を出させるため、努力に応じ加点する「学習点数カード」を考え出し生徒たちに競争心を植え付けた。夫婦の丁寧な指導が口コミとして伝わり、日増しに生徒が増え、塾の経営は軌道に乗った。

そんなある日、古川の目が都庁の調査結果に釘付けになる。「学童の一〇人中、三人が塾通いで、一人は家庭教師についている」という内容だった。つまり、家庭教師を大量に確保し、家庭に送り込むことを企業化することに気づいたのである。数年後、「家庭教師センター」に名前をかえ、大学生を対象に家庭教師募集のチラシを作った。塾の指導が終わると夫婦で浦和はもとより、大宮、川口まで足をのばし、募集のチラシを電柱などに貼りつけて回った。夜中に警官に怪しまれたりした。資料請求の数が増えると、宣伝のためと、暗くなって帰宅する子供たちを乗せるため白いワゴン車を購入した。車体の真横に「家庭教師センター」と大きく書き込み、拡声器もつけた。主要な国鉄や私鉄の駅前をゆっくりと巡回し、宣伝の範囲を広げていったのだ。古川のアイデアを弘子がしっかりと二人三脚で支えた。

ワゴン車を使った風変わりな宣伝にマスコミも関心をみせ「新手の家庭教師銀行」と好意的に取り上げてくれた。テレビは全国ニュースで伝えた。案内書の請求は多かったが、申し込みはふるわない。そこで、埼玉大学のバス停に出向き、学生にチラシを配り、疑問点を丁寧に説明した。夫婦の熱意が実を結び、登録した家庭教師希望大学生は首都圏を含め五〇〇人を超えていた。折から、ファストフードと自動販売機ブームで、元号の「昭和」が「明治」を抜いて最長になった七一年の頃である。

東京に進出、「ふくろう博士」で宣伝

やがて応募者の急増に伴い、夫婦では対応できなくなり東京への進出に踏み切る。自宅を抵当に銀

行から五〇〇万円を借りた。新宿区百人町のマンションに事務所を確保し、「日本家庭教師センター学院」として規模を拡張。これまでの家庭教師は一対一の個人的な契約だったが、この体制を打破し、家庭教師を万単位で確保し、需要に応じて各地に派遣する画期的なシステムとして定着させた。院長として本格的な家庭教師の派遣業に乗り出し、東京都内はもとより、遠くは熱海、木更津、高崎方面

宣伝用に購入したワゴン車、妻の弘子とともに（1971 年頃）

にまで家庭教師を派遣したのだった。三人の事務員を雇い、さらに業務量を増やした。家庭教師としての実績と家庭教師派遣業の元祖としての強みから、大学生の登録者はさらに急増。八〇年には、池袋のサンシャイン六〇に移転する。古川は自分自身の豊富な経験を生かし教育評論家としても講演や執筆活動を展開する。独自に考え出した教育システムが画期的な指導法として全国的に注目された。

一人の生徒に対して、直接指導する「プロの家庭教師」、教育相談やアフターケアを担当する「教育相談員」、総括管理や監督、指導を行う「プロの家庭教師の父である古川」の三者が連携して目標達成に向けて努力するというものだ。古川が経営する学院に登録しているプロの家庭教師は、厳正な学科試験、教養及び倫理試験と面接試験にパスした人が条件。登録後は「院内免許制度」により指導力アップを図るため「基礎養成講座」をはじめ、難関小・中・高・大学の受験指導などの講座を受講することが義務付けられている。さらに、「プロ家庭教師昇格試験」を実施し、家庭教師を特S、S、特C、C、特B、B、特A、Aの八段階にランクづけした。

教育相談員については、校長、大学教授など、教職経験者が「やる気がない」「成績があがらない」「どうすれば志望校に合格できるか」について勉強法の診断を行い、保護者からの相談や悩みに対しても親身のアドバイスを行った。さらに、家庭教師の派遣だけで成績は上がらないため、要望通りの指導が行われているかどうか、教育相談員が生徒の学習内容や勉強法をチェックし、プロの家庭教師について も徹底した指導と管理を行い、学習効果をあげた。また、一対一の指導をするプロの家庭教師は横の連絡が取りにくいため、独断専行の指導になりやすいので、それを防ぐ自己研鑽の場として「月例研修会」を開いた。各界で活躍中の著名人を講師に招き六八年のスタート以来、二〇一〇年六月で五〇〇回を超えている。

英語の能力試験の在り方にも目を向け、国連英検の普及と推進にも尽力した。ＴＯＥＩＣ、ＴＯＥＦＬ、英検、国連英検と四つある試験のなかで、六三年に開始された「英検」が最も古く、一般的な存在だった。こんな中、八一年頃から実施された「国連英検」の人気がふるわないことで、日本国連協会の幹部から相談を受けた古川は「英検の資格を取ったら次は一段上の国連英検に挑戦しよう」とのＰＲを呼びかけた。敵を味方にする発想の転換で、古川流のアイデアであった。その助言が実り程なく、「国連英検」の最高ランク、特Ａに合格すれば国連職員に採用される資格が得られるので、国際社会で貢献する人材を送り出せることになったのである。

古川の助言が認められ、在日各国大使や政財界、文化人ら二〇〇人余が集まった日本国連協会主催のパーティーに招待され、国連のデ・クエヤル事務総長（当時）に感謝され握手を求められた。「世界の顔」と一緒に写った写真は教育事情の視察で海外に出かける時の「ＶＩＰパスポート」代わりとして宝物にしていたのである。そして、数年後には、全日本家庭教師センター会長として家庭教師や塾講師の資格認定や、地位向上の先頭に立った。また、学習塾が受験産業として急成長するなかで、「全国学習塾協会」の会長に就任。五万人を超す家庭教師をたばねる業界団体の総帥に上り詰めていた。

学習塾が全国に乱立すると、「絶対に合格させます」など行き過ぎた宣伝文句によるトラブルが各地で発生した。ただちに、規制委員会を設け、自主ルールを作り、「完全」、「百パーセント」、「絶対」

など受験生に合格を保証するような「言葉」を使わないよう徹底させた。九五年には、中野駅前の自社ビルに移転し、ここを終生の本拠地とし、さらにはずみをつけていく。

プロは「六つの顔を持て」と力説

登録された家庭教師には、日頃から、「プロとして六つの顔を持て」と声高に訴えた。それらの顔は専門分野を深く考え、教えられる「学者」の顔。生徒の現状を診断し治療する「医者」の顔。熱いハートで生徒の志望校の情報を調べあげる「記者」の顔。テストの問題を的確に予想する「易者」の顔。楽しい授業を演じ切る「役者」の顔。生徒の気持ちを和らげ、気分を良くさせる「芸者」の顔を持つべきだと熱弁をふるい、これらの顔を持たないとプロを名乗る資格はないと言い切ったのである。好きな言葉を聞かれると、「怠ける者は不満を語り、努力する者は希望を語る」をあげ、人が大勢集まるパーティーでの社交が好きだった。また、教育現場の経験から「先ワル、後ホメ」を大切にしていた。テストで五〇点の数学と八〇点の英語だった生徒を前にした時、「英語は良かったけど数学が悪いね」と悪かった数学について注意をすると、結果的に同じ点数の説明でも悪い印象が生徒に残り、やる気がわかなくなる。これに対し、「数学のここが勉強不足で五〇点だったけど、英語が八〇点と良かったから、今度は数学も同じに頑張れるよ」と助言すれば同じ点数でも言いようで生徒の「やる気」が違ってくることを経験的に学んでいたのである。

こうした一方、テレビのＣＭを重視した。古川自身が広告塔となって、「ふくろう博士」の愛称を売り込んだ。「やる気にさせます」の殺し文句と、ガッツポーズ姿を一体化した。ある年、日本テレビのＣＭで「禁多浪富士《きんたろうふじ》」という呼び名の力士人形が「難解山《なんかいざん》」を画面の中で投げ飛ばす。そのあと古川が優勝カップを渡す映像だった。発想は良かったが、さらに効果を高めるため背景音楽にロック調の「君が代」を流したことが物議をかもしたのである。放送法には触れなかったが、「日本の国歌を一企業の宣伝で使うのは好ましくない」という局の判断で、放送当日、二回流しただけで中止になった。ところが、このＣＭが右翼団体の怒りを買ってしまったのである。古川は万が一に備え、防弾チョッキを着て出勤したが、その模様が週刊誌で取り上げられ騒ぎが広がった。新聞各社の取材に対し、古川は「私は国歌、君が代の賛成論者。子供たちに、もっと愛してもらおうと橋渡し役をしただけだ」と返答している。

古川と「ふくろう」との関係は、大学時代にさかのぼる。同級生から、でっぷりした体つきと、顔つきから「ふくろう」と呼ばれ、自分も似ていることを認めていたという。以来、「ふくろう」に関心を持ち、余暇に文献で調べてみると、北欧では「学問の神」として愛され、アメリカでは「幸せを運ぶ鳥」であり、中国では「魔除け、商いの鳥」として慕われ、何よりも学問との関係があることが気に入ったのだ。そして、「英知のシンボル」として古川自身のトレードマークにしたのである。

事業に加え、講演、出版活動などで高額所得者となった。七〇年代の後半には、ＪＲ北浦和駅に近い、

古川が自ら描いたフクロウの油絵

「ふくろうの館」と呼ばれる赤レンガの豪邸（さいたま市中央区）

さいたま市中央区大戸の閑静な住宅地に鉄筋三階建て赤レンガの豪邸、別名「ふくろうの館（キャッスル・ミネルバ）」を一億円で建設。自身が国内外で集めた各種ふくろうの置物など関連グッズ八万点超を屋根のてっぺんから室内の至る所に飾り地域住民や来宅者を驚ろかした。

筆者が古川と会ったのは、豪邸ができて数年後のことで、会った瞬間、「ふくろう」そっくりの容貌に親しみを感じたことだ。門柱、玄関のカーペット、湯飲み茶わんなど、至る所に「ふくろう」が目についた。「多すぎて数えるのが面倒なのでギネス登録をしなかった」との逸話が残る。学院の電話番号から、当時愛用の外車のナンバーまで「2960」だった。英才教育に一家言を持つ人だけに、「お子さんは英才教育ですか」と質問すると、「私立の娘（高二）と市立の息子（中一）に関しては、よその子の相談に熱心なあまり、自分の子がおろそかになったかな」と平凡な父親の顔を見せるのだった。五〇歳頃の絶頂期だった。油絵を描く趣味を持ち、屋上にアトリエを作り、「ふくろう」の絵も残している。実物のふくろうを飼ったこともあるが、長生きしなかったと言う。自慢のコレクションのうち、玄関わきに置いていた自慢のブロンズ製が盗難に遭ったことがある。しかし、重すぎたことから、近くの公園に放置されたまま見つかっている。

――政界目指すも落選、闘病生活へ――

八七年には、ラジオ短波で受験生向けの教育番組として、大学受験生を浪人させない、との願いを込めた「禁多浪《きんたろう》くらぶ」を開始。古川は各界のゲストと対談した。すでに会社に登録されていた家庭教師の登録者数は七万人を突破、家庭教師派遣業のカリスマとして押しも押されもせぬ存在となっていた。交友範囲は政、財界、スポーツ界から皇族まで。各国の要人にも人脈を広げ海外にも出かける機会が増えていった。

四谷大塚、日能研などの大手進学塾や予備校と完全な個別指導を行う家庭教師の双方の指導を受ける「ドッキング学習法」も提案するなど、教育に寄せるチャレンジ精神と情熱は衰えなかった。多血質の夫を温厚で冷静な妻が支え、古川の知名度は全国的にも高まった。

二〇〇一年、誰に誘われることもなく、政界入りに挑戦する。「政治家になるなら離婚」との弘子との約束を破り、参議員選挙の比例区に自由連合公認として立候補した。しかし、立候補者名に「ふくろう博士」の通称のほか、本名も入っていた。愛称の使用が選挙管理委員会から却下され、本名での立候補を余儀なくされたこともあり、落選。〇七年には、都知事選に出馬表明するも糖尿病の悪化もあり、断念している。「ふくろう博士」として知名度を高めてきたが、正式な博士号は持っていなかった。

妻に先立たれ、ケア付き施設に入所

晩年になると、「日本文芸アカデミー賞」を主催し、高齢者の活躍の場を広げる活動にあたった。二〇〇〇年頃になると、古川とともに学院を支え続けてきた弘子が過労も影響し、体調を崩した。古川は第一線から身を引き、自炊を担当するなど、自宅で妻の介護に専念した。老老介護である。この頃には、獣医師だった長男の隆弘が教育界に転身。事務局長、副学院長を経て学院長になり、二代目「ふくろう博士」となっていた。当初、古川は学院の後継者として性格が自分に近い長女を考えていたが、米国人と結婚し、米国に永住したため長男に決めたという。

〇八年、弘子が七二歳で病没した。葬儀のあいさつで古川は職員や友人たちの前でむせび泣いていたという。最愛の支えを失ったショックは大きく、落胆し、急に弱気になる。

家庭教師の日に死亡

妻の死から二年後、脳梗塞で倒れた古川は自ら望んで、さいたま市内にあるケア付きの高齢者施設に入所した。入所者たちから「先生」と呼ばれ、人気者扱いを受けた。最初のうちは施設の見学者たちに「ふくろう博士」がいるホームなのでお勧めです、と広告塔役を買って出ていた。しかし、程なく脳梗塞の後遺症による言語障害と麻痺により、筆談も困難になった。嚥下障害にも苦しみ、車椅子の生活もできなくなると、ほとんど寝たきり状態に。やがて、意志の疎通もできなくなった。九〇キロあった体重も四〇キロになっていた。

身内以外、いっさいの見舞客を寄せ付けず、枕元には鳩山元首相、サッチャー元首相らと一緒の写真が飾られ、晩年は巨人軍の長嶋元監督とのツーショット写真を大切にしていたという。最期は肺炎で亡くなった。施設に入所してから四年後の一五年二月九日だった。在宅死に備え、隆弘がエレベーターを備え、車いすで室内を移動できるよう、床やトイレ、ふろ場を改造し、手すりもつけた。しかし、自宅に外泊したのは二日間だけだった。生前からの希望で葬儀はせず、家族葬だった。

墓地は弘子の生地、蕨市内の金竜山極楽寺にあり、弘子とともに眠っている。三學院の住職で義理の兄に当たる伯父が付けた戒名は「宏智院和光善隆居士」。「和光」の文字は夫婦で苦楽を共にした六畳一間の勉強会の名前から取った。命日の二月九日は、「子供たちに福（ふく・二九）とチャレンジ

パーティー好きで、サッチャー英国首相と握手する古川

国連のデ・クエヤル事務総長と握手する古川

精神を与える家庭教師」にちなみ、奇しくも古川自身が九三年に「家庭教師の日」と命名した日であった。

二代目ふくろう博士として活躍中の隆弘は「私から見た父はチャレンジ精神旺盛な努力家で、アイデアマンでした。また、カリスマ経営者と言えるでしょう。父から受けついだエデュケーショナルホスピタル（教育病院）としてさらに学院を発展させたい」と語った。

※『新時代へ羽ばたく梟の挑戦』（古川隆弘著）を参考にしました。

あとがき

思い起こせば、新聞記者になった動機の一つはヒューマンインタレスト（人間に対する興味）でした。退職までの三五年間に会った人の数は数えきれません。人それぞれに物語があるものですが、埼玉在勤の際、特異な才能で輝いていた忘れ得ぬ人たちのその後のことが気になっていたのです。

二〇一七年秋、旧知のさきたま出版会会長、星野和央さんに「人物伝」の出版を提案してみました。何度か議論を重ねました。登場人物の功績や活躍分野、地元との結びつき、居住地などを考えながら故人に絞り込み、死生観までをたどろうと再取材を試みました。存命中に面識があったとはいえ、取材は苦労しました。一人ずつ年譜を作り、資料をまとめ関係者の話を聞き歩きました。

真冬の奥秩父では二五〇段の階段をのぼり、故人の足跡をたどりました。ご遺族の方々は快く、晩年の様子を語ってくれました。認知症で施設に入り面会できない親族もありました。行方不明のまま死亡認定された冒険家の場合、葬儀から取材を始めました。役所や病院、一部の企業では個人情報が壁となり、転居先や治療の経過、病名などがたどれなかったことが悔やまれます。

県内各地での取材は比較的順調でしたが、一〇人分を文章にするのは容易ではなく、何度も挫折しました。それでも完成できたのは、故人たちが「頑張れ」と背中を押してくれたからだと思っています。ともかく、故人へのオマージュ（敬意）を込めた著書として出版できたことを嬉しく思っています。さきたま出版会の編集担当の皆さんやデザイン担当の星野恭司さんにも感謝申し上げます。

無気力で自信を失っている若者が目立つ時代だけに、登場人物の人生の処し方には学ぶべき点が多いと考えます。内容に不備や物足りない点がありましたら、筆者の未熟をお詫びするばかりです。

佐々木　明

二〇一八年八月

著者略歴

佐々木　明（ささき　めい）

1938年、東京生まれ、埼玉県蓮田市在住。元朝日新聞東京本社社会部記者。多摩美大客員教授、獨協医大講師を経てジャーナリストとして活躍中。81年から83年まで浦和支局に勤務。

著書に『類似ヴィトン—巨大偽ブランド市場を追う』、『就学生という悲劇』など。

◎メールアドレス　hy3m-ssk@asahi-net.or.jp

埼玉《さいたま》 奇才列伝《きさいれつでん》

—自分流の生き方に徹し 輝いた10人—

2018年9月25日　初版第1刷発行

著　　者　佐々木　明

発 行 所　株式会社さきたま出版会

〒336-0022　さいたま市南区白幡3－6－10

電話048－711－8041

ブックデザイン　星野 恭司

印刷・製本　関東図書株式会社

　ISBN 978-4-87891-462-1　C0023